Michael Seidel (Hrsg.) • Alexander Klügl • Ulrich Mahn

Netzentgelte Strom – einfach kalkuliert

Diesen Titel zusätzlich als **E-Book** erwerben und **60 %** sparen!

Als Käufer dieses Buchs haben Sie Anspruch auf ein besonderes Angebot. Sie können zusätzlich zum gedruckten Werk das E-Book zu 40 % des Normalpreises erwerben.

Zusatznutzen:
– Vollständige Durchsuchbarkeit des Inhalts zur schnellen Recherche.
– Mit Lesezeichen und Links direkt zur gewünschten Information.
– Im PDF-Format überall einsetzbar.

Laden Sie jetzt Ihr persönliches E-Book herunter:
– www.vde-verlag.de/ebook aufrufen.
– **Persönlichen, nur einmal verwendbaren E-Book-Code** eingeben:

665138HP594NYT5X

– E-Book zum Warenkorb hinzufügen und zum Vorzugspreis bestellen.

Hinweis: Der E-Book-Code wurde für Sie individuell erzeugt und darf nicht an Dritte weitergegeben werden. Mit Zurückziehung des Buchs wird auch der damit verbundene E-Book-Code ungültig.

Prof. Dr. Michael Seidel (Hrsg.)
Alexander Klügl • Dr. Ulrich Mahn

Netzentgelte – einfach kalkuliert

VDE VERLAG GMBH

ICS: 29.240, 27.100, 27.010

Autor und Verlag haben alle Texte mit großer Sorgfalt erarbeitet. Dennoch können Fehler nicht ausgeschlossen werden. Deshalb übernehmen weder der Autor noch der Verlag irgendwelche Garantien für die in diesem Buch gegebenen Informationen. In keinem Fall haften Autor oder Verlag für irgendwelche direkten oder indirekten Schäden, die aus der Auswertung dieser Informationen folgen.

Das Werk ist urheberrechtlich geschützt. Jede Verwertung außerhalb der engen Grenzen des Urheberrechtsgesetzes ist ohne Zustimmung des Verlags unzulässig und strafbar. Die Wiedergabe von Gebrauchsnamen, Handelsnamen, Warenbeschreibungen etc. berechtigt auch ohne besondere Kennzeichnung nicht zu der Annahme, dass solche Namen im Sinne der Markenschutz-Gesetzgebung als frei zu betrachten wären und von jedermann benutzt werden dürfen. Aus der Veröffentlichung kann nicht geschlossen werden, dass die beschriebenen Lösungen frei von gewerblichen Schutzrechten (z. B. Patente, Gebrauchsmuster) sind. Eine Haftung des Verlags für die Richtigkeit und Brauchbarkeit der veröffentlichten Programme, Schaltungen und sonstigen Anordnungen oder Anleitungen sowie für die Richtigkeit des technischen Inhalts des Werks ist ausgeschlossen. Die gesetzlichen und behördlichen Vorschriften sowie die technischen Regeln (z. B. das VDE-Vorschriftenwerk) in ihren jeweils geltenden Fassungen sind unbedingt zu beachten.

Bibliografische Information der Deutschen Nationalbibliothek
Die Deutsche Nationalbibliothek verzeichnet diese Publikation in der Deutschen Nationalbibliografie; detaillierte bibliografische Daten sind im Internet über http://dnb.dnb.de abrufbar.

© 2020 VDE VERLAG GMBH
VDE VERLAG GMBH
Bismarckstr. 33, 10625 Berlin

ISBN 978-3-8007-5138-9 (Buch)
ISBN 978-3-8007-5139-6 (E-Book)

Alle Rechte vorbehalten.

Satz: primustype Robert Hurler GmbH, Notzingen
Druck: H. Heenemann GmbH & Co. KG, Berlin
Printed in Germany   2020-07

Über dieses Buch

Wie sind Netzentgelte Strom in Deutschland strukturiert? Wovon hängt ihre Höhe ab? Wie kann man sie kalkulieren? Und was ist dabei zu beachten? Die Netzentgelte Strom basieren auf einem komplexen Regelgeflecht mit vielen Fachbegriffen. Die Rechtsvorschriften sind historisch gewachsen, zum Teil lückenhaft und inkonsistent. Sie verteilen sich zudem auf mehrere Gesetze, Verordnungen und behördliche Festlegungen. Die betrieblich etablierte Kalkulationspraxis folgt an manchen Stellen Branchenleitfäden aus der Anfangszeit der Regulierung, die kaum noch verfügbar und in Teilen veraltet sind. Das alles macht die Netzentgeltkalkulation für Einsteiger zu einer Herausforderung.

In diesem Buch werden die Maßgaben der Netzentgeltkalkulation Strom einfach erklärt. Auch elementare Fragen werden behandelt, sodass zum Verständnis lediglich energiewirtschaftliche Grundkenntnisse erforderlich sind. Viele Bilder, Tabellen und Beispiele veranschaulichen die beschriebenen Zusammenhänge. Ein umfangreiches Glossar erklärt alle relevanten Begriffe und verweist auf weitere Begriffe und betreffende Gesetzesregelungen.

Über die Autoren

Dipl.-Ing., Dipl.-Wirtsch.-Ing. Alexander Klügl ist als Netzzugangsmanager bei der Rheinischen NETZGesellschaft mbH verantwortlich für die Umsetzung der gesetzlichen Vorgaben des Netzzugangs. Auch vorher war er im Energiesektor tätig, zuletzt vier Jahre als Referent im Verband kommunaler Unternehmen (VKU). In Fachausschüssen des Bundesverbands der Energie- und Wasserwirtschaft e.V. (BDEW) vertritt er das Unternehmen bei der Weiterentwicklung der Marktprozesse und der Standardlastprofile. Nebenberuflich ist er seit 2004 freier Dozent für Energiewirtschaft, Mathematik und Numerik an der Rheinischen Fachhochschule in Köln.

Dr.-Ing. Ulrich Mahn ist Regulierungsmanager bei der Netze Duisburg GmbH und Konzernregulierungsmanager im Konzern der Stadtwerke Duisburg AG. Im Rahmen seiner früheren Verbandstätigkeit hat er die Einführung und nähere Ausgestaltung des Netzzugangs Strom in Deutschland aktiv begleitet. In Gremien des Bundesverbands der Energie- und Wasserwirtschaft e.V. und des Verbands kommunaler Unternehmen e.V. beschäftigt er sich mit Fragen der Regulierungspraxis in Deutschland.

Dr. Mahn ist Verfasser des Buchs „Anreizregulierung – einfach erklärt" (Mahn 2020). Beide Autoren haben gemeinsam das Buch „Netzzugang Strom – einfach erklärt" (Mahn/Klügl 2019) veröffentlicht.

Danksagung

Wir danken unseren ehemaligen Mitstreitern, Unterstützern und lieben Kollegen beim Verband kommunaler Unternehmen e. V. (VKU), *Dr.-Ing. Winfried Ohlms und Prof. Dr.-Ing. Michael Seidel* für ihre inhaltlichen Anregungen, organisatorischen Hilfestellungen und kritischen Fragen bei der Erarbeitung dieses Buchs. Sie haben mit ihrer Erfahrung und ihrem Engagement maßgeblich zum Erfolg dieses Projekts beigetragen.

Inhalt

Über dieses Buch ... 5
Über die Autoren ... 6
Danksagung ... 7

1 Einleitung ... **11**

2 Energiewirtschaftliche Grundlagen ... **13**
   2.1 Was sind Netzentgelte? ... 13
   2.2 Anreizregulierung ... 15
   2.3 Netzzugang und Struktur der Netze ... 16
   2.4 Arbeit, Leistung, Benutzungsdauer, zeitgleiche Jahreshöchstleistung . 19
   2.5 Grundlagen des Messwesens, Kundenarten ... 22

3 Preisblatt Netznutzung ... **26**

4 Kalkulationssystematik ... **29**

5 Kostenartenrechnung ... **32**

6 Anpassung der Erlösobergrenze ... **36**

7 Kostenstellenrechnung ... **43**

8 Ermittlung des Mengengerüsts ... **46**
   8.1 Arbeitsflussrechnung ... 48
   8.2 Leistungsflussrechnung ... 49
   8.3 Messstellenbetrieb ... 51

9 Kostenwälzung ... **53**

10 Kostenträgerrechnung ... **55**
   10.1 Bildung der spezifischen Netzkosten je Ebene (Briefmarke) ... 56
   10.2 Festlegung der Gleichzeitigkeitsfunktion ... 57
   10.3 Berechnung der Arbeits- und Leistungspreise je Ebene für RLM-Kunden ... 61
   10.4 Berechnung der Netzentgelte für SLP-Kunden in Niederspannung ... 63
   10.5 Kalkulation der Entgelte für Messstellenbetrieb ... 64

11 Sonderentgelte und Spezialfälle **66**
    11.1   Übersicht 66
    11.2   Steuerbare Verbraucher 69
    11.3   Gemeinderabatt 70
    11.4   Monatsleistungspreise 71
    11.5   Atypische Netznutzung 72
    11.6   Stromintensive Netznutzung 74
    11.7   Singulär genutzte Betriebsmittel 75
    11.8   Stromspeicher 77
    11.9   Blindstrommehrverbrauch 78
    11.10 Netzreservekapazität 81
    11.11 Pooling von Entnahmestellen 83
    11.12 Gemeinsame Netzebene, Pancaking 84
    11.13 Entgelte für dezentrale Einspeisung 86

12 Handlungsmöglichkeiten für Netzbetreiber **90**

13 Verprobungsrechnung **93**

14 Veröffentlichungs- und Mitteilungspflichten **95**

15 Abrechnung der Netzentgelte **97**

16 Vergleich der Kalkulation Strom mit Gas **99**

17 Beispielkalkulation **104**

18 Glossar **111**

Literaturverzeichnis **130**

Stichwortverzeichnis **132**

1 Einleitung

Netzentgelte vergüten dem Stromnetzbetreiber die Nutzung seiner Netze („Durchleitung") für den Stromtransport zum Endkunden und sind Bestandteil der Endkundenpreise. Die Maßgaben zur Kalkulation sind historisch gewachsen und deshalb nicht konsistent. Auch sind nicht alle Details vorgegeben. An mehreren Stellen bestehen Handlungsspielräume, die der Netzbetreiber sachgerecht ausfüllen muss. Das alles erschwert den Einstieg ins Thema Netzentgelte enorm.

Ziel dieses Buches ist es, alle relevanten Begriffe vorzustellen und die wichtigen Zusammenhänge zu vermitteln. Etwas einfach zu erklären, erfordert Vereinfachungen. Manche Erläuterungen erfassen deshalb notgedrungen nur 95 Prozent der praktisch relevanten Fälle. Aber für den Einstieg sind 95 Prozent eine gute Quote.

Dieses Buch muss man nicht von vorne nach hinten durchlesen. Suchen Sie ein bestimmtes Detail? Dann steigen Sie über das Inhaltsverzeichnis oder das Sachregister ein. Einen möglichen Schnelleinstieg bietet auch das Glossar am Ende des Buches. Hier finden Sie zu den meisten Fachbegriffen neben Erklärungen auch Verweise auf die betreffenden gesetzlichen Regelungen. Sie können auch von Kapitel zu Kapitel springen. Einsteigern in die Energiewirtschaft seien allerdings die Kapitel 2 (Energiewirtschaftliche Grundlagen) und 3 (Preisblatt Netznutzung) zur Vorablektüre empfohlen. Um das Buch so nutzbar zu gestalten, wurden viele Querverweise aufgenommen. Zudem haben wir einige wenige Sachverhalte zur inhaltlichen Abrundung an mehreren Stellen beschrieben. Dafür bitten wir den „linearen" Leser um Verständnis.

Die rechtlichen Vorgaben wurden allgemein verständlich formuliert, sodass Sie die Gesetzestexte und die maßgeblichen Festlegungen der Regulierungsbehörden nachzuvollziehen können. Zahlreiche Verweise auf Gesetze, Verordnungen, Festlegungen und Leitfäden unterstützen Sie dabei.

Die jeweils aktuellen Gesetzestexte finden Sie im Internet: Geben Sie in einer Suchmaschine das betreffende Kürzel, z. B. „EnWG", ein. Unter den ersten Suchergebnissen steht die Seite www.gesetze-im-internet.de, mit zwei weiteren Klicks sind Sie beim Gesetzestext. Alternativ können Sie die von uns zusammengestellte Gesetzessammlung nutzen https://www.vde-verlag.de/buecher/download/665139.zip. Das hat den Vorteil, nur mit den für dieses Buch relevanten Passagen zu arbeiten. Die anderen Passagen haben wir weggelassen. Außerdem sind dort elektronische Recherchen mithilfe der Suchfunktion gesetzesübergreifend möglich.

Regeln sind abstrakt, Beispiele sind anschaulich. An vielen Stellen wurden deshalb Beispiele ergänzt. Eine vollständige Netzentgeltkalkulation findet sich im Kapitel 17.

Die verwendeten Zahlenwerte sind fiktiv, die Beispiele passen nicht zwangsläufig zueinander.

Die rechtlichen Maßgaben für die Regulierung entwickeln sich kontinuierlich weiter. Das betrifft, zumindest in Details, auch die Netzentgelte. Der Redaktionsstand dieses Buchs ist der Juni 2020.

Interessieren Sie sich neben der Netzentgeltkalkulation auch für verwandte Themen? Die Autoren haben in vergleichbarer Form auch die Anreizregulierung und den Netzzugang Strom aufbereitet (Mahn 2018; Mahn/Klügl 2019).

2 Energiewirtschaftliche Grundlagen

2.1 Was sind Netzentgelte?

Stromnetzbetreiber transportieren Strom von Orten der Erzeugung zu Orten des Verbrauchs. Hierzu bauen und betreiben sie Stromnetze und ermöglichen den Letztverbrauchern eine freie Wahl des Stromlieferanten. „Lohn" des Netzbetreibers ist das Netzentgelt. Formal korrekt spricht man von „Entgelten für den Netzzugang". Auch „Netznutzungsentgelte" ist gebräuchlich. „Durchleitungsentgelte" meint das Gleiche, ist aber in Fachkreisen unüblich.

Netzentgelte fallen an bei der Entnahme von Strom aus dem Netz des Netzbetreibers durch Letztverbraucher oder nachgelagerte Netzbetreiber. Für die Einspeisung in das Netz wird kein Netzentgelt erhoben. Die Funktion der Netzentgelte ist im Bild 2-1 veranschaulicht.

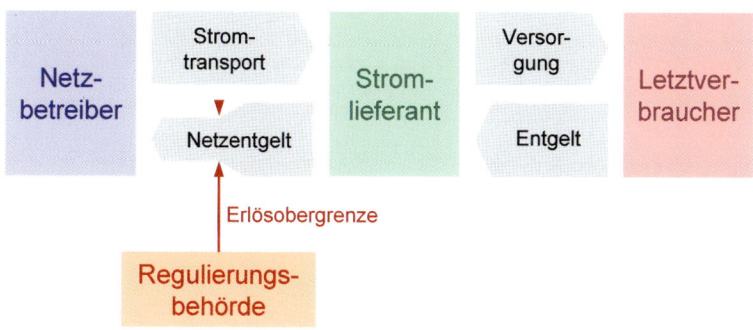

Bild 2-1 Rolle der Netzentgelte im liberalisierten Strommarkt

Die Netzentgelte stellt der Netzbetreiber dem Netznutzer in Rechnung. Das ist in der Regel der Stromlieferant. Er ist somit aus Netzbetreibersicht ein „Kunde". Dessen ungeachtet werden in diesem Buch, wie in der Branche üblich, Letztverbraucher und nachgelagerte Netzbetreiber (Weiterverteiler) als Kunden bezeichnet.

Grundlage für die Zahlung der Netzentgelte durch den Stromlieferanten ist der sogenannte Lieferantenrahmenvertrag. Der Vertrag wurde deutschlandweit standardisiert. Die Stromlieferanten preisen die Netzentgelte in ihre Endkundenrechnungen ein. Bei einem durchschnittlichen Haushaltskunden dient etwa ein Viertel des Rechnungsbetrags der Finanzierung der Netzentgelte. Der auf das Netzentgelt entfallende Teilbetrag wird im Anhang der Endkundenrechnung ausgewiesen.

Grundsätzlich besteht auch die Möglichkeit, das Netzentgelt direkt an den Netzbetreiber zu zahlen. Sofern gewünscht, schließen die – meist großen – Kunden hierzu einen Netznutzungsvertrag mit dem Netzbetreiber (sogenannte desintegrierte Kunden). Hiervon wird aber nur selten Gebrauch gemacht. Inhaltlich entspricht der Netznutzungsvertrag dem Lieferantenrahmenvertrag. Auch Netzbetreiber schließen untereinander Netznutzungsverträge; der nachgelagerte Netzbetreiber zahlt Netzentgelte an den vorgelagerten Netzbetreiber. Dabei gelten die gleichen Preise wie für die Letztverbraucher am gleichen Anschlussort.

Die Preisstruktur der Netzentgelte ist abhängig von der Art des Kunden. In jedem Fall wird die im Abrechnungszeitraum entnommene elektrische Arbeit bepreist (in ct/kWh). Hinzu kommt bei kleinen Kunden optional ein entnahmeunabhängiger Grundpreis (in €/Monat oder €/Jahr). Große Kunden zahlen zusätzlich einen Leistungspreis (in €/kW), der mit der höchsten im Jahr bezogenen Leistung des Kunden multipliziert wird.

Zu den Netzentgelten zählt auch das Entgelt für den Messstellenbetrieb als separate Rechnungsposition. Es vergütet den Betrieb der Messeinrichtung, also des „Zählers", beim Endkunden sowie die Erhebung, Aufbereitung und Bereitstellung der Messwerte. Voraussetzung ist, dass der Netzbetreiber für den Messstellenbetrieb beim betrachteten Endkunden zuständig ist. Zusammen mit den Netzentgelten stellt der Netzbetreiber weitere Abgaben und gesetzliche Umlagen in Rechnung. Diese Beträge führt er aufgrund rechtlicher Verpflichtungen an Dritte ab.

Grundsätzlich hat jeder Netzbetreiber andere Preise. Die Höhe der Netzentgelte ist von vielen Einflussfaktoren abhängig. Den gesetzlichen Rahmen beschreiben im Wesentlichen das Energiewirtschaftsgesetz (EnWG), die Anreizregulierungsverordnung (ARegV) und die Stromnetzentgeltverordnung (StromNEV). Eine Behörde genehmigt netzbetreiberindividuell eine Erlösobergrenze, auf deren Grundlagen der Netzbetreiber die Netzentgelte kalkuliert. Die Höhe der Netzentgelte ist außerdem abhängig von der Versorgungsaufgabe und der Effizienz des Netzbetreibers sowie von der Netz- oder Umspannebene der Stromentnahme. Für alle vergleichbaren Entnahmen aus einer Netz- oder Umspannebene eines Netzbetreibers gelten aber grundsätzlich die gleichen Preise.

Die Netzentgelte werden vom Netzbetreiber zum Jahreswechsel im Internet veröffentlicht und gelten für das darauffolgende Kalenderjahr. Unterjährige Preisänderungen sind nicht zulässig.

2.2 Anreizregulierung

Stromnetze sind natürliche Monopole. Die Stromlieferanten sind auf die bestehenden Netze angewiesen, um den Lieferverpflichtungen gegenüber ihren Endkunden nachkommen zu können. Deshalb unterliegen die Stromnetze der Regulierung, d. h. einer besonderen staatlichen Aufsicht. Diese wird von den Regulierungsbehörden wahrgenommen. Neben der Bundesnetzagentur (BNetzA) als Bundesbehörde gibt es in mehreren Bundesländern auch Landesregulierungsbehörden. Landesbehörden sind für solche Netzbetreiber zuständig, die weniger als 100.000 angeschlossene Stromkunden haben und deren Netz vollständig innerhalb des betroffenen Bundeslandes liegt. Davon unabhängig betreut die Bundesnetzagentur bestimmte Themen für alle Netzbetreiber, z. B. die einheitliche Festlegung von Zinssätzen oder Datenaustauschformaten.

Die Anreizregulierung ist eine besondere Form der Regulierung, bei der dem Netzbetreiber Obergrenzen für die einzunehmenden Netzentgelte vorgegeben werden. Das Bild 2-2 zeigt das Prinzip. Die Regulierungsbehörde legt Erlösobergrenzen für fünf Jahre, die sogenannte Regulierungsperiode, fest. Während der Regulierungsperiode sind damit Kosten und Erlöse des Netzbetreibers voneinander entkoppelt. Bei sinkenden Kosten kann der Netzbetreiber zusätzliche Gewinne realisieren, bei steigenden Kosten erfährt er Verluste. Zur Vorbereitung der Festlegung werden die Kosten des Basisjahrs („Fotojahr") geprüft und als sogenanntes Ausgangsniveau festgelegt. Auf die Kostenprüfung und die Festlegung der Erlösobergrenze durch die Regulierungsbehörden wird in diesem Buch nicht näher eingegangen. Eine kompakte Darstellung findet sich in (Mahn 2018).

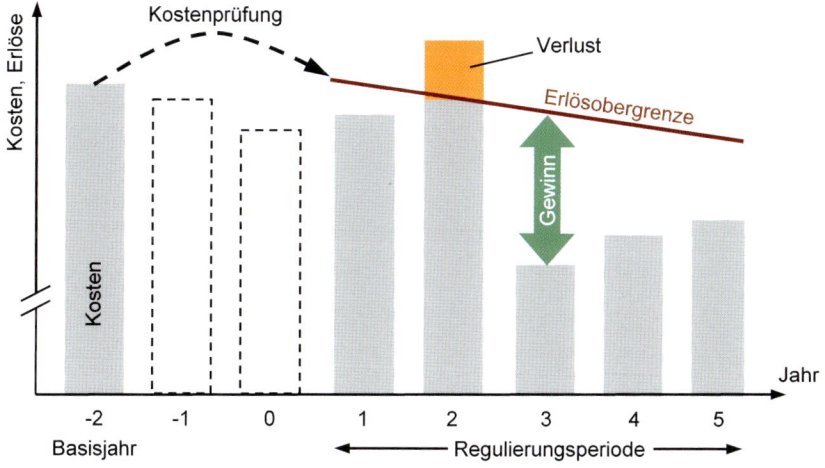

Bild 2-2 Kosten und Erlöse des Netzbetreibers im System der Anreizregulierung (schematisch)

Im Jahr 2019 begann in Deutschland die dritte Regulierungsperiode Strom. Die vierte Periode beginnt im Jahr 2024. Zugehöriges Basisjahr ist das Jahr 2021. Im Gasbereich liegen Regulierungsperioden und Basisjahre jeweils ein Jahr früher.

Die Erlösobergrenze des Folgejahres wird vom Netzbetreiber angepasst und als Grundlage für seine Netzentgeltkalkulation verwendet. Ziel der Kalkulation ist es, die Erlösobergrenze zu „treffen". Bestandteil der Kalkulation ist auch eine Prognose der im Folgejahr abzurechnenden Netznutzungsmengen. Die tatsächlichen Netznutzungsmengen weichen naturgemäß hiervon ab, sodass die Erlöse aus Netzentgelten im Folgejahr entweder höher oder niedriger sind als die Erlösobergrenze. Solche Abweichungen werden nach Abschluss des Lieferjahres ermittelt und über das sogenannte Regulierungskonto durch Zu- oder Abschläge auf künftige Erlösobergrenzen ausgeglichen.

Die jährliche Anpassung der Erlösobergrenze und die Netzentgeltkalkulation muss der Netzbetreiber in einem Bericht umfassend dokumentieren und der Regulierungsbehörde gegenüber darlegen. Eine formale Genehmigung der Netzentgelte durch die Behörde erfolgt nicht. Jedoch wird die Erlösobergrenze als wesentliche Kalkulationsgrundlage genehmigt, ebenso wie der Saldo des Regulierungskontos und damit die tatsächlich erzielten Erlöse aus Netzentgelten.

2.3   Netzzugang und Struktur der Netze

Auch die allgemeine Struktur der Netze und die Ausgestaltung des Netzzugangs haben Auswirkungen auf die Netzentgeltstruktur.

Das Bild 2-3 veranschaulicht die Struktur der deutschen Stromnetze. Man unterscheidet vier Netzebenen, die sich in der Höhe der Betriebsspannung unterscheiden. Netzebenen mit hoher Spannung eigenen sich für einen weiträumigen Transport großer Energiemengen. Einspeiser und Letztverbraucher sind auf allen Ebenen angeschlossen, Kleinverbraucher wie z. B. Privatkunden nur im Niederspannungsnetz.

Verbunden sind die Netzebenen durch Umspannebenen. Zu diesen gehören Umspannwerke und Transformatorstationen. Auch einige Letztverbraucher sind direkt dort angeschlossen (sogenannte Umspannungskunden).

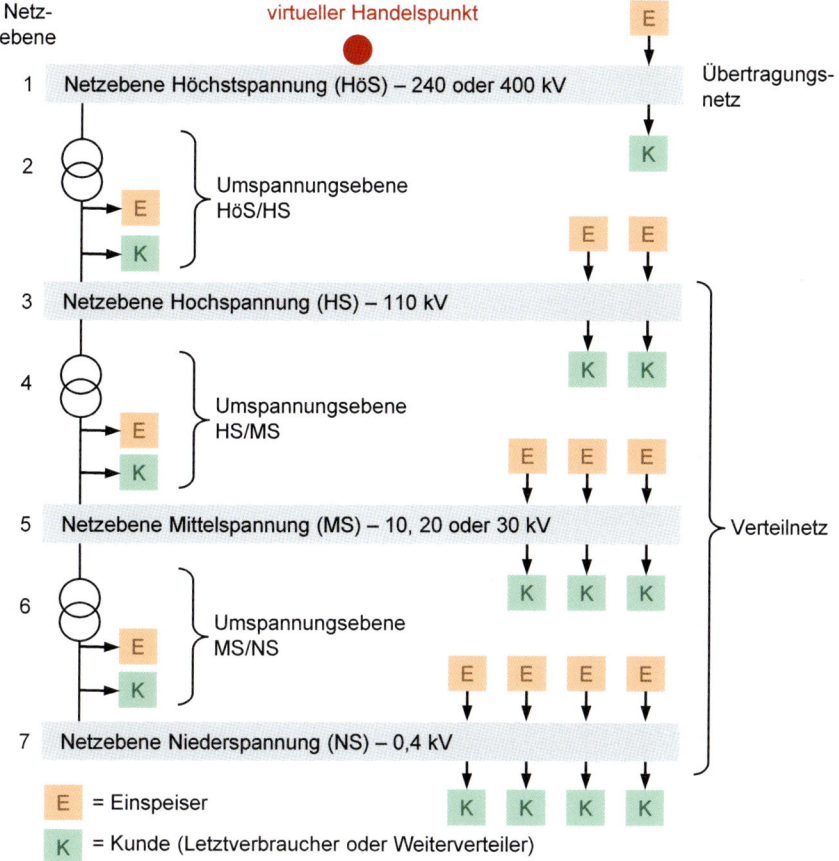

Bild 2-3 Struktur der Stromnetze in Deutschland

Netzbetreiber betreiben immer nur einen Teil der dargestellten Netz- und Umspannebenen. Die meisten Netzbetreiber verfügen über ein Mittel- und ein Niederspannungsnetz, Übertragungsnetzbetreiber nur über das Höchstspannungsnetz. Auf diese Weise entsteht eine Kaskade aus vor- und nachgelagerten Netzbetreibern.

Der Gesetzgeber hat in Deutschland ein transaktionsunabhängiges Punktmodell etabliert. Es hat folgende Eigenschaften:

- Im Höchstspannungsnetz befindet sich ein virtueller Handelspunkt. Jede Energie gilt aus Handelssicht als dort eingespeist oder entnommen.
- Der Transport eingespeister Energie zum Handelspunkt ist für den Einspeiser kostenfrei.

- Der Transport entnommener Energie vom Handelspunkt zum Ort der Entnahme wird über Netzentgelte von den Netznutzern bezahlt.
- Netzentgelte fallen an durch die Stromentnahme von Letztverbrauchern oder von nachgelagerten Netzbetreibern. Die Entgelte umfassen die Nutzung aller vorgelagerten Netz- und Umspannebenen bis zum Handelspunkt.

Das Prinzip ist im Bild 2-4 dargestellt. Eine vertiefende Darstellung zum Netzzugang ist in (Mahn/Klügl 2019) enthalten

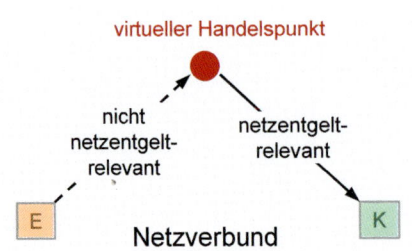

Bild 2-4
Prinzip der virtuellen Durchleitung vom Einspeiser zum Letztverbraucher im Handelspunktkonzept

Die Netzentgelte sind damit unabhängig von der räumlichen Entfernung zwischen Einspeisung und Entnahme. Das System ist vergleichbar mit dem Briefmarkensystem der Postbeförderung. Ein Brief an einen weit entfernten Empfänger benötigt die gleiche Briefmarke wie ein Brief zum Nachbarn. Allerdings zahlt bei der Briefpost der Absender den Transport, beim Strom hingegen der Empfänger, d. h. der Kunde.

Die Netzentgelte sind jedoch abhängig von der Netz- bzw. Umspannebene der Entnahme. Beim transaktionsabhängigen Punktmodell geht man davon aus, dass die Energie immer „von oben nach unten" fließt, auch wenn das physikalisch nicht immer der Fall ist.

Für die Netzentgelte hat dies zur Konsequenz, dass die Kalkulation für jede Netz- oder Umspannebene separat erfolgen muss. Den Kosten jeder Netz- und Umspannebene werden Anteile der Kosten vorgelagerter Netz- und Umspannebenen zugerechnet (Kapitel 9). Dabei wird nicht zwischen externen Kosten eines vorgelagerten Netzbetreibers und internen Kosten des eigenen Unternehmens unterschieden. Beispielsweise berücksichtigt der Netzbetreiber bei der Kalkulation der Mittelspannungspreise die Netz- und Umspannebenen vom virtuellen Handelspunkt bis hinunter zur Mittelspannungsebene. Die Umspannung zur Niederspannung und das Niederspannungsnetz werden hingegen nicht genutzt und bleiben unberücksichtigt.

2.4 Arbeit, Leistung, Benutzungsdauer, zeitgleiche Jahreshöchstleistung

Netznutzungspreise sind üblicherweise Arbeits- oder Leistungspreise. Sie variieren teilweise noch abhängig von der Benutzungsdauer. Die Tabelle 2-1 beschreibt die Begriffe Arbeit und Leistung.

Tabelle 2-1 Unterschied zwischen Leistung, Energie und Arbeit

	Leistung	Energie	Arbeit
Definition	pro Zeiteinheit verrichtete Arbeit	Arbeitsvermögen	Änderung der Energie
Einheit	Watt (W)	Wattsekunde (Ws) oder Joule (J)	
Gebräuchliche Vielfache	Kilowatt (kW) Megawatt (MW) Gigawatt (GW)	Kilowattstunde (kWh) Megawattstunde (MWh) Gigawattstunde (GWh)	
Beispiel Haartrockner	niedrige Stufe: 400 W = 0,4 kW hohe Stufe: 1000 W = 1 kW	eine Stunde auf hoher Stufe: 1 kW · 1 h = 1 kWh	
Beispiel PKW	bei Höchstgeschwindigkeit: 90 kW bei Stop and Go: 12 kW	Tankinhalt 50 ℓ Benzin: ca. 440 kWh	

Energie und elektrische Arbeit sind eng verwandt. In der energiewirtschaftlichen Praxis verwendet man die Begriffe synonym. Die physikalischen Einheiten sind für die Praxis sehr klein, sodass Vielfache verwendet werden, die man einfach umrechnen kann. Beispielsweise gilt

$$1 \text{ MW} = 1.000 \text{ kW} = 1.000.000 \text{ W}$$
$$1 \text{ kWh} = 3.600 \text{ kWs} = 3.600 \text{ kJ}$$

Im zweiten Beispiel wurde berücksichtigt, dass eine Stunde 3.600 Sekunden umfasst.

Arbeit und Leistung sind miteinander über die Zeit verbunden. Dies verdeutlicht Bild 2-5. Vereinfacht formuliert ist Arbeit in kWh das Produkt aus Leistung in kW und Zeit in h. Eine Arbeit von 2 kWh wird benötigt, um einen Haartrockner zwei Stunden lang auf hoher Stufe (ca. 1.000 W) zu betreiben. Zwei Haartrockner mit einer Stunde Nutzungszeit erfordern die gleiche Arbeit.

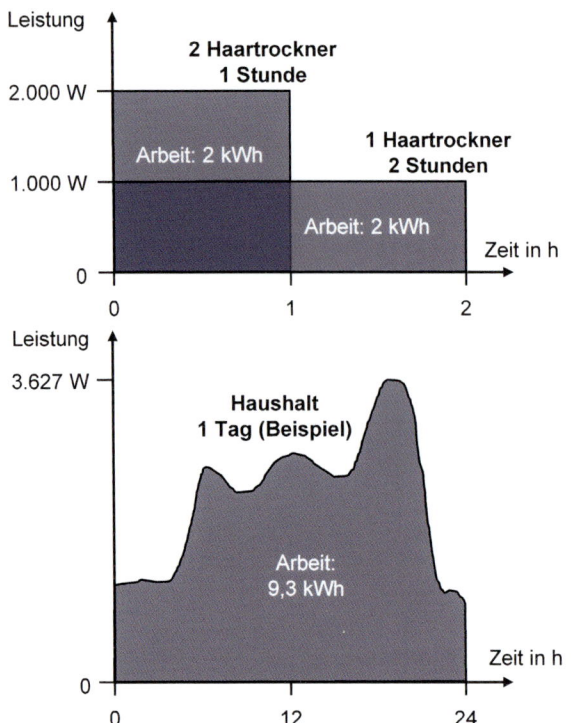

Bild 2-5
Zusammenhang zwischen Arbeit und Leistung

Betrachtet man statt eines Haartrockners einen ganzen Haushalt, so ändert sich der Leistungsbedarf ständig aufgrund des Zu- und Abschaltens einzelner Geräte. Der Leistungsbedarf eines ganzen Tages könnte beispielsweise wie im Bild 2-5 unten dargestellt aussehen. Typischerweise ist der Leistungsbedarf nachts deutlich niedriger als tagsüber. Die an dem Tag benötigte Arbeit entspricht dann der Fläche unter der dargestellten Leistungskurve.

Die Beanspruchung des Netzes ist kaum von der entnommenen Arbeit abhängig, sondern im Wesentlichen von der Leistung. Deshalb ist die Leistung eine zentrale Bezugsgröße in der Netzentgeltkalkulation. Allerdings wird die Leistung bei kleinen Kunden aus Aufwandsgründen nicht gemessen, sodass man bei der Abrechnung hilfsweise auf den Arbeitspreis und einen optionalen Grundpreis angewiesen ist.

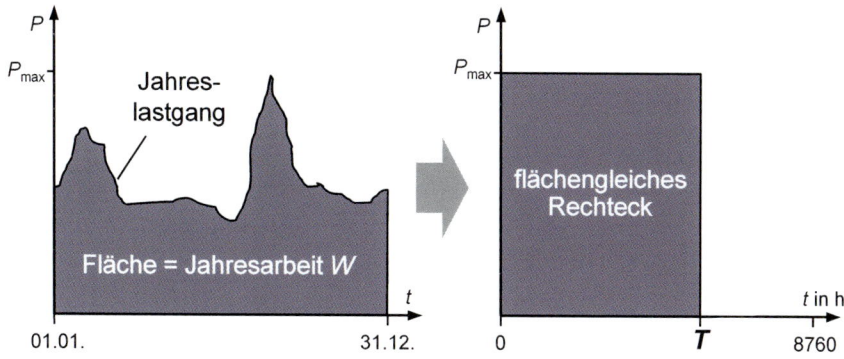

Bild 2-6 Definition der Benutzungsdauer T (schematisch)

Im Bild 2-6 ist der Lastgang (auch „Jahreslastgang" oder „Jahresleistungsganglinie") eines Kunden schematisch dargestellt. Sie verdeutlicht, zu welchen Zeiten der Kunde besonders viel und wann eher wenig Energie bezog. Die Jahreshöchstleistung P_{max} lag in diesem fiktiven Fall im August. Auch hier steht die Fläche unter der Kurve für die insgesamt bezogene Arbeit W.

Überführt man den Jahreslastgang in ein flächengleiches Rechteck mit gleicher Höhe, so erhält man die Benutzungsdauer T.

$T = W / P_{max}$

Die exakte Bezeichnung lautet „Benutzungsdauer der Jahreshöchstleistung". Üblich sind auch „Jahresbenutzungsdauer" oder einfach „Benutzungsstunden" („Der Kunde hat x Benutzungsstunden").

Die Benutzungsdauer beschreibt, wie viele Stunden der Kunde mit höchster Leistung P_{max} Strom abnehmen müsste, um gerade die Jahresenergiemenge W zu beziehen. Die Benutzungsdauer liegt zwischen (theoretisch) 0 und 8.760 Stunden, in Schaltjahren 8.784 Stunden. Kunden mit gleichmäßigem Strombezug haben eine hohe Benutzungsdauer, solche mit stark schwankendem Strombezug eine niedrige Benutzungsdauer.

Betrachtet man die Lastgänge mehrerer Kunden, so stellt man fest, dass ihr höchster gemeinsamer Leistungsbedarf üblicherweise geringer ausfällt als die Summe der höchsten Einzelbedarfe. Dies beschreibt den Unterschied zwischen zeitgleicher und zeitungleicher Jahreshöchstleistung und ist im Bild 2-7 veranschaulicht.

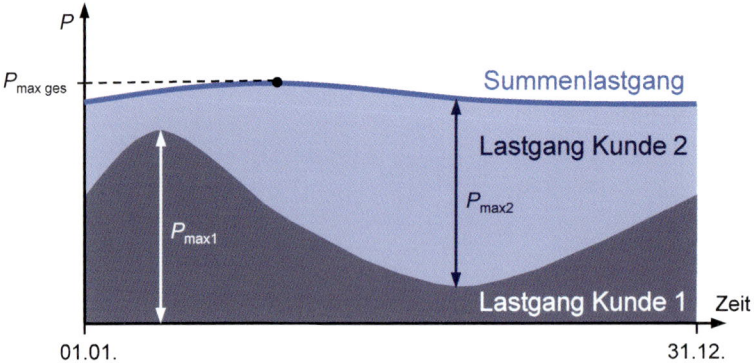

Bild 2-7 Unterschied zwischen zeitgleicher und zeitungleicher Jahreshöchstleistung (schematisch)

Im dargestellten Fall ist zeitgleiche Jahreshöchstleistung $P_{max\,ges}$ erheblich geringer als die zeitungleiche Jahreshöchstleistung $P_{max1} + P_{max2}$. Das Beispiel mag unrealistisch erscheinen. Aber gerade bei der Betrachtung sehr vieler Kunden, z. B. aller Entnahmen aus einer Netz- oder Umspannebene, unterscheiden sich zeitgleiche und zeitungleiche Jahreshöchstleistung deutlich voneinander. Man spricht in solchen Fällen auch von einer hohen Durchmischung der Kunden. Der Summenlastgang hat dann auch eine höhere Benutzungsdauer als die meisten Lastgänge.

2.5 Grundlagen des Messwesens, Kundenarten

Die ins Netz eingespeiste und aus ihm entnommene Energie wird gemessen und den einzelnen Kunden und Lieferanten zugeordnet. Die messtechnische Erfassung ist die Aufgabe des Messstellenbetreibers.

Bei den meisten Messstellen übernimmt heute der Netzbetreiber zugleich die Rolle des Messstellenbetreibers. Ist das der Fall und handelt es sich um herkömmliche Messeinrichtungen, so stellt der Netzbetreiber dem Lieferanten auch das Entgelt für Messstellenbetrieb in Rechnung. Es ist Bestandteil der Erlösobergrenze und des Netzentgelts im weiteren Sinne.

Bei den Messeinrichtungen ist zu unterscheiden zwischen herkömmlichen und künftigen Messeinrichtungen. Die Tabelle 2-2 gibt einen Überblick.

Tabelle 2-2 Wesentliche Arten von Messeinrichtungen

	Kleine Kunden	**Große Kunden**
Messung	jährlich (manuell)	täglich (automatisch)
Zahl der Messwerte	ein Messwert pro Jahr	ein Messwert pro Viertelstunde
Herkömmliche Messeinrichtung	Eintarifzähler	registrierende Lastgangmessung
Künftige Messeinrichtung	moderne Messeinrichtung (mME)	intelligentes Messsystem (iMS)

Bei den Messeinrichtungen dominiert der sogenannte Eintarifzähler für Kleinkunden. Er erfasst die Energiemengen fortlaufend und wird üblicherweise einmal jährlich abgelesen. Damit steht für diese Kunden ein Jahresverbrauchswert zur Verfügung. Üblicherweise sind elektromechanische Zähler im Einsatz (sogenannte Ferraris-Zähler mit Drehscheibe), teilweise auch elektronische Zähler, die Messwerte speichern und auf einem Display anzeigen können. Für besondere Kunden wie z. B. Speicherheizungen gibt es auch Mehrtarifzähler mit mehreren Zählwerken, die abwechselnd laufen und so den Stromverbrauch zu unterschiedlichen Tageszeiten erfassen können.

Den vorgenannten Zählern ist gemeinsam, dass grundsätzlich nicht bekannt ist, wie viel Strom der Kunde zu einem bestimmten Zeitpunkt verbraucht hat. Diese Information würde nur ein gemessener Jahreslastgang liefern. Die hierfür erforderliche Messeinrichtung wäre für kleine Kunden aber unverhältnismäßig teuer. Eine genaue zeitliche Zuordnung der Energiemengen muss jedoch erfolgen, da die Stromlieferanten für jede Viertelstunde des Jahres so viel Strom beschaffen müssen, wie ihre Kunden gerade benötigen. Deshalb erzeugt man bei den Kunden mit Ein- oder Mehrtarifzähler aus dem Jahresverbrauchswert anhand typisierter Lastkurven eine rechnerische Jahresleistungsganglinie, ein sogenanntes Standardlastprofil. Die betreffenden Kunden bezeichnet man deshalb auch als Standardlastprofilkunden oder SLP-Kunden. Der Gesetzgeber hat festgelegt, dass alle Letztverbraucher mit einem Jahresverbrauch unter 100.000 kWh in diese Kategorie fallen. Bei ihnen wird die Netznutzung mit dem Arbeitspreis und optional mit einem Grundpreis abgerechnet.

Für Kunden mit einem Jahresverbrauch oberhalb von 100.000 kWh wurden bislang Lastgangzähler eingesetzt. Diese sogenannten RLM-Zähler (registrierende Lastgangmessung) messen die Energiemenge separat für jede Viertelstunde. Die Zähler sind mit einem Kommunikationsmodul (Zählerfernauslesung, ZFA) verbunden. Täglich werden die Viertelstundenwerte des Vortags fernausgelesen. Damit verfügt der Netzbetreiber zeitnah über den Tageslastgang des Kunden. Sie umfasst $24 \cdot 4 = 96$ Einzelwerte. Kunden mit registrierender Lastgangmessung bezeichnet man auch als leistungsgemessene Kunden oder RLM-Kunden. Bei ihnen wird die Netznutzung mit Arbeits- und Leistungspreis abgerechnet.

Daneben gibt es noch Sonderfälle wie z. B. beleuchtete Verkehrszeichen, öffentliche Telefone oder die allgemeine Straßenbeleuchtung. Hierbei werden die einzelnen Stromentnahmen oft nicht gemessen, da dies ein unverhältnismäßiger Aufwand wäre. Die Strommenge und der Zeitpunkt der Entnahmen können aber in guter Näherung berechnet werden, denn Schaltzeiten und Leistungsbedarf der angeschlossenen Verbraucher sind bekannt. Erreicht die Straßenbeleuchtung als Ganzes mehr als 100.000 kWh Jahresverbrauch, so wird sie aufgrund einer gesetzlichen Sonderregelung üblicherweise wie ein einzelner RLM-Kunde behandelt.

Mit dem im Jahr 2016 in Kraft getretenen Messstellenbetriebsgesetz begann eine langfristig angelegte Umbauphase, in der bis zum Jahr 2032 nahezu alle Zähler in Deutschland durch Geräte mit neuen Funktionen und Anforderungen umzustellen sind. Die neuen Messeinrichtungen werden unter dem Begriff „intelligenter Messstellenbetrieb" (iMSB) zusammengefasst. Umgangssprachlich hat sich hierfür der Begriff „Smart Meter Rollout" etabliert.

Kleine Kunden erhalten „moderne Messeinrichtungen" (mME), große Kunden und Einspeiser „intelligente Messsysteme" (iMS). Die Grenze zwischen den Kundengruppen verläuft bei einem Jahresverbrauch von 6.000 kWh, optional auch darunter. Zwar können intelligente Messsysteme wie RLM-Zähler Viertelstundenwerte täglich per Datenfernübertragung bereitstellen. Es gilt aber bis auf Weiteres die gesetzliche Grenze von 100.000 kWh für die Trennung der Abrechnungssystematik. Somit werden diese Kunden nach wie vor mit den SLP-Preisen abgerechnet.

Die regulatorische Behandlung dieses sogenannten intelligenten Messstellenbetriebs unterscheidet sich grundlegend von der des herkömmlichen Messwesens. Das hat auch Auswirkung auf die Entgeltkalkulation. Die Tabelle 2-3 gibt einen Überblick. Entgelte für den intelligenten Messstellenbetrieb sind, formal betrachtet, nicht Bestandteil der Netzentgelte. Im Rahmen dieses Buchs wird nur auf die Kalkulation der Messpreise im herkömmlichen Messwesen näher eingegangen.

Tabelle 2-3 Regulatorische Behandlung des herkömmlichen Messwesens und des intelligenten Messstellenbetriebs

	Herkömmliches Messwesen	**Intelligenter Messstellenbetrieb**
Kosten	Bestandteil der Netzkosten	buchhalterisch getrennt von der Tätigkeit Stromverteilung
Erlöse	Bestandteil der Erlösobergrenze	
Messeinrichtungen	Ein-/Mehrtarifzähler, RLM-Zähler und Zusatzgeräte	moderne Messeinrichtung, intelligentes Messsystem und Zusatzgeräte
Kalkulation	Teil der Netzentgeltkalkulation	separate Kalkulation, gesetzliche Preisobergrenze beachten
Veröffentlichung	Preisblatt Netznutzung	separates Preisblatt

3 Preisblatt Netznutzung

Das Preisblatt Netznutzung ist vom Netzbetreiber jährlich zu ermitteln. Es gilt für ein Kalenderjahr und ist zum Jahreswechsel im Internet zu veröffentlichen. Bereits zum 15. Oktober des Vorjahrs sind die voraussichtlichen Netzentgelte in Form eines Preisblatts Netznutzung zu veröffentlichen. Den Vorlauf von rund sechs Wochen benötigen die Lieferanten, um ihre Produkte zu kalkulieren und im Markt anzubieten.

Das Preisblatt Netznutzung ist typischerweise wie folgt aufgebaut:

Netzentgelte

Mit dem Netzentgelt wird die Nutzung aller Netze vom virtuellen Handelspunkt bis zum Ort der Entnahme entgolten. Das Entgelt differenziert nach Netz- und Umspannebenen der Entnahme. Leistungs- und Arbeitspreise für RLM-Kunden differenzieren nach Benutzungsdauer über und unter 2.500 h.

Für SLP-Kunden im Niederspannungsnetz wird zudem ein Arbeitspreis und optional ein Grundpreis ausgewiesen. Separate Arbeitspreise bestehen gegebenenfalls für unterbrechbare Verbrauchseinrichtungen wie Speicherheizungen, Wärmepumpen oder Ladeeinrichtungen für Elektrofahrzeuge. Ihnen ist gemeinsam, dass der Netzbetreiber Einfluss auf den Zeitpunkt der Stromentnahme nehmen kann. Teilweise werden auch separate Netzentgelte für Stromspeicher ausgewiesen.

Neben der Veröffentlichung normaler Leistungspreise auf Jahresbasis besteht auch die Pflicht zur Veröffentlichung von Monatsleistungspreisen für Kunden mit nur kurzzeitiger oder stark volatiler Netznutzung.

Viele Netzbetreiber bieten zudem Netzreservekapazität an. Sie ist interessant für größere Verbraucher mit Eigenerzeugung in der Kundenanlage. Zu Zeiten, in denen die Eigenerzeugung außer Betrieb ist, haben diese Kunden oftmals einen erhöhen Leistungsbezug aus dem Netz des Netzbetreibers. Durch Inanspruchnahme von Netzreservekapazität können sich die Kunden gegen die wirtschaftlich nachteiligen Auswirkungen dieses Leistungsbezugs absichern.

Hinsichtlich der Sondernetzentgelte (Kapitel 11) gibt es Veröffentlichungspflichten, denen manche Netzbetreiber im Rahmen des Preisblatts Netznutzung nachkommen. Dies betrifft beispielsweise Identifikationsnummern von Kunden, die individuelle Netzentgelte erhalten.

Entgelte für Messstellenbetrieb

Die Entgelte für Messstellenbetrieb kommen zur Abrechnung, wenn der Netzbetreiber beim Kunden herkömmliche Messeinrichtungen betreibt. Neben dem eigentlichen Messstellenbetrieb umfassen die Entgelte auch die Messung, also die Erhebung, Aufbereitung und Bereitstellung der Messwerte. Die Preise differenzieren nach Art der Messeinrichtung, z. B. registrierende Lastgangmessung, Eintarifzähler und Doppeltarifzähler.

Für den Messstellenbetrieb sind im Einzelfall weitere Geräte und Leistungen erforderlich, die der Netzbetreiber ebenfalls anbietet und auf dem Preisblatt ausweist. Hierzu zählen Messwandler, die bei der Messung größerer Kunden aus technischen Gründen erforderlich sind. Weitere Beispiele sind Schaltgeräte oder Datenübertragungseinrichtungen in Funktechnik. Außerdem bietet der Netzbetreiber gegen Entgelt zusätzliche Zählerablesungen an.

Entgelt für Blindstrommehrbezug

Die von den Kunden entnommene Energie und Leistung kann in eine Wirk- und eine Blindkomponente aufgeteilt werden. Die im Kapitel 2.5 beschriebenen Messeinrichtungen erfassen nur den Wirkanteil.

Blindenergie und Blindleistung sind zum Betrieb des Netzes und der Kundenanlagen erforderlich. Bezieht ein Kunde aufgrund der besonderen Art seiner technischen Anlagen viel Blindleistung, so belastet er das Netz des Netzbetreibers überdurchschnittlich stark. Ein bestimmter Blindanteil am Gesamtbezug wird toleriert, er ist mit dem normalen Netzentgelt abgegolten. Darüber hinausgehende Blindarbeit erfasst der Netzbetreiber durch spezielle Messeinrichtungen und stellt sie separat in Rechnung. Hierfür wird ein Arbeitspreis in ct/kvarh im Preisblatt Netznutzung ausgewiesen. Die Maßeinheit kvarh (Kilovarstunde) entspricht der Kilowattstunde bei der Wirkenergie.

Sperrung der Stromentnahme

Netzbetreiber haben grundsätzlich die Möglichkeit und die Pflicht, einen Anschluss zu sperren, wenn sie vom verantwortlichen Lieferanten dazu aufgefordert werden. Häufig weist der Netzbetreiber zwei separate Preise für das Sperren und Entsperren der Stromentnahme aus.

Abgaben, Umlagen, Steuern

Zusätzlich weisen die Netzbetreiber im Regelfall weitere Preiskomponenten aus, die sie gemeinsam mit den Netzentgelten in Rechnung stellen. Diese Preiskomponenten stehen jedoch in keinem direkten Zusammenhang mit der Netznutzung. Ihnen ist gemeinsam, dass der Netzbetreiber rechtlich verpflichtet ist, sie vom Lieferanten zu erheben und an Dritte weiterzuleiten. Sie werden auf der Netznutzungsrechnung für jeden Letztverbraucher separat ausgewiesen. Der Lieferant muss diese Posten auf der Endkundenrechnung ebenfalls separat aufführen.

Mit der Konzessionsabgabe vergütet der Netzbetreiber den Kommunen die Nutzung öffentlicher Wege, wenn er dort seine Leitungen verlegt. Grundlage hierfür sind Konzessionsverträge zwischen Netzbetreibern und Kommunen. Den gesetzlichen Rahmen regelt die Konzessionsabgabenverordnung (KAV).

Die nachfolgenden gesetzlichen Umlagen werden von den Übertragungsnetzbetreibern jährlich ermittelt und im Internet veröffentlicht (www.netztransparenz.de).

- Die KWKG-Umlage ist im Kraft-Wärme-Kopplungsgesetz (KWKG) geregelt. Sie dient der Förderung der Stromerzeugung aus Kraft-Wärme-Kopplung.
- Die §19-StromNEV-Umlage basiert auf der Stromnetzentgeltverordnung (StromNEV). Sie ist Bestandteil eines Belastungsausgleichs zwischen den Netzbetreibern für Mindererlöse aus individuellen Netzentgelten.
- Die Offshore-Netzumlage ist im Energiewirtschaftsgesetz (EnWG) geregelt. Mit ihr werden Netzanbindungen von Windparks auf See finanziert.
- Die Abschaltbare Lasten-Umlage basiert auf der Verordnung zu abschaltbaren Lasten (AbLaV). Mit dieser Umlage finanzieren die Übertragungsnetzbetreiber Kosten aus der Beschaffung abschaltbarer Leistung, die sie für den sicheren Betrieb ihrer Netze einsetzen.

Das Preisblatt Netznutzung enthält zudem Hinweise zur Umsatzsteuer. Diese ist grundsätzlich auf alle vorgenannten Preise, Abgaben und Umlagen zu leisten. Viele Netzbetreiber weisen die Preise separat als Brutto- und Nettobeträge aus.

4 Kalkulationssystematik

Die Tabelle 4-1 zeigt einen Gesamtüberblick über die Bildung der Netzentgelte.

Tabelle 4-1 Schritte zur Bildung von Netzentgelten

Was	Wer	Wann	Wo geregelt?
Kostenartenrechnung Welche Kosten liegen vor?	Netzbetreiber (Erstellung) Regulierungsbehörde (Prüfung)	vor Beginn der Regulierungsperiode	StromNEV (Teil 2, Abschnitt 1)
Erlösobergrenze Was darf vereinnahmt werden?	Regulierungsbehörde (Genehmigung)		ARegV (§ 4)
	Netzbetreiber (Anpassung)	vor dem Lieferjahr	
Kostenstellenrechnung Wo entstehen die Kosten?	Netzbetreiber		StromNEV (Teil 2, Abschnitt 2)
Kostenträgerrechnung Wer trägt die Kosten?			StromNEV (Teil 2, Abschnitt 3)
Regulierungskonto Was wurde eingenommen?	Netzbetreiber (Erstellung) Regulierungsbehörde (Genehmigung)	nach dem Lieferjahr	ARegV (§ 5)

Die Bildung der Netzentgelte findet in drei Phasen statt. Im Zeitraum zwischen Basisjahr und Beginn der Regulierungsperiode erfolgt die regulatorische Kostenprüfung. Das daraus ermittelte Ausgangsniveau ist Grundlage für die Festlegung der Erlösobergrenzen. Die zweite Phase liegt vor dem Beginn des jeweiligen Lieferjahres und beginnt mit der Anpassung (d. h. Aktualisierung) der festgelegten Erlösobergrenze. Dann folgen Kostenstellen- und Kostenträgerrechnung. Abschließend veröffentlicht der Netzbetreiber das Preisblatt und dokumentiert die Schritte der zweiten Phase gegenüber der Regulierungsbehörde. In der dritten Phase werden in einer Rückschau die tatsächlich vereinnahmten Erlöse aus Netzentgelten mit der Erlösobergrenze abgeglichen.

Der nähere Ablauf der zweiten Phase ist im Bild 4-1 als Übersicht dargestellt. Nach Anpassung der Erlösobergrenze sind im Rahmen der Kostenstellenrechnung die Erlösanteile je Kostenstelle zu ermitteln. Mit der darauf folgenden Kostenwälzung werden in den jeweiligen Netz- und Umspannebenen Erlösanteile vorgelagerter Ebenen hinzugerechnet. Aus den so ermittelten Kosten berechnet der Netzbetreiber zunächst die sogenannten Briefmarken. Im Rahmen der nachfolgenden Kostenträgerrechnung werden zunächst der Gleichzeitigkeitsgrad bestimmt und daraus die einzelnen Preiselemente ermittelt.

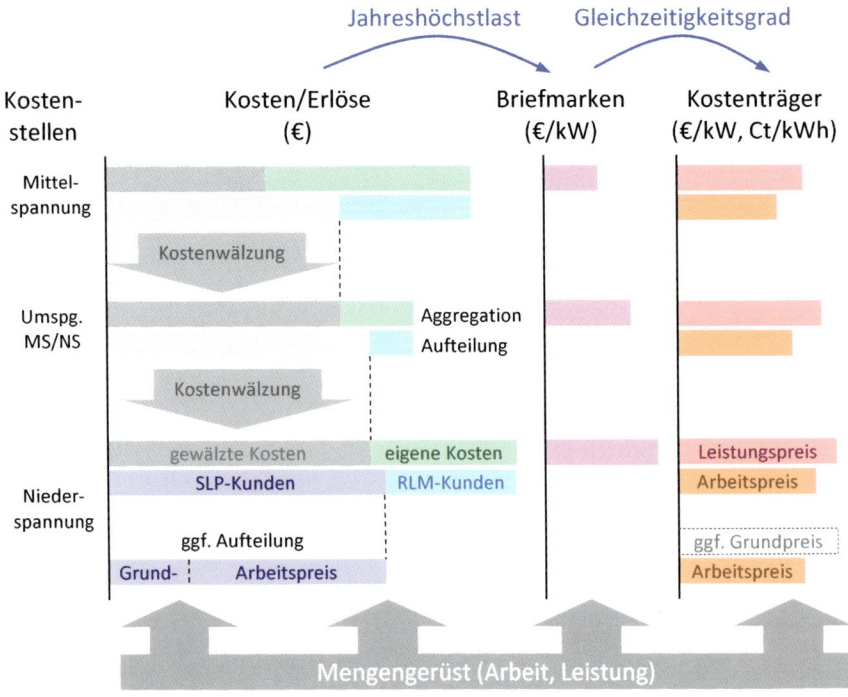

Bild 4-1 Rechenschritte von der Kostenstellen- zur Kostenträgerrechnung im Überblick (schematisch)

Die gesetzlichen Maßgaben zur Netzentgeltbildung finden sich insbesondere in der Stromnetzentgeltverordnung (StromNEV) und der Anreizregulierungsverordnung (ARegV). Die StromNEV bestand schon vor Einführung der Anreizregulierung. Damals sah der Gesetzgeber vor, dass die Regulierungsbehörde jährlich die Netzentgelte des Folgejahrs auf Grundlage der Kosten des Vorjahrs genehmigt. Eine Erlösobergrenze existierte nicht. Mit Einführung der Anreizregulierung wurde die StromNEV nicht vollständig an das neue System angepasst. Durch die Einfügung des Zwischenschritts „Erlösobergrenze" ist der Bezug der Verordnung auf Kosten teilweise nicht mehr korrekt. Streng genommen handelt es sich um Anteile an der Erlösobergrenze. Auch werden nicht mehr alle in der StromNEV enthaltenen Schritte jährlich durchlaufen.

Die StromNEV regelt die Kostenstellen- und Kostenträgerrechnung in einigen Aspekten nur sehr grundsätzlich. Auch werden wichtige Begriffe nicht definiert oder nicht durchgängig verwendet. Die hierdurch gegebenen Handlungsspielräume muss der Netzbetreiber sachgerecht ausgestalten. Viele Netzbetreiber stützen sich hierbei auf einen Kalkulationsleitfaden aus dem Jahr 2007 (VDEW/VDN 2007). Herausgeber waren der Verband der Elektrizitätswirtschaft (VDEW) und der Verband der Netzbetreiber (VDN) beim VDEW. Dies waren Vorgängerorganisationen des heutigen Bundesverbands der Energie- und Wasserwirtschaft (BDEW). Der Kalkulationsleitfaden stellt die Zusammenhänge der Netzentgeltkalkulation detailliert und anschaulich dar, ist aber in Teilen veraltet. Dies gilt insbesondere für die durch die Anreizregulierung neu eingeführten Elemente.

Aus den vorgenannten Gründen bestehen an bestimmten Stellen der Kalkulation unterschiedliche Auffassungen über die genaue Umsetzung der gesetzlichen Vorgaben. Hinzu kommen Wahloptionen, über die der Netzbetreiber ohnehin entscheiden muss. Das führt zu unterschiedlichen Kalkulationsvarianten, die sich im Detail unterscheiden, aber den gesetzlichen Rahmen widerspruchsfrei ausfüllen. „Die" richtige Kalkulation existiert nicht. Aus Sicht des Netzbetreibers ist das aber unerheblich, weil er nicht mehr als die Erlösobergrenze vereinnahmen darf und dies durch verschiedene Sicherheitsmechanismen gewährleistet. Zu diesen Mechanismen zählen der Abgleich der Gleichzeitigkeitsgeraden, die Verprobungsrechnung und die Genehmigung des Regulierungskontosaldos.

Es würde den Rahmen dieses Buches sprengen, alle möglichen Kalkulationsvarianten darzustellen. Deshalb beschränken sich die Autoren auf eine einzige Methodik, die in sich schlüssig ist und den gesetzlichen Anforderungen genügt. Einwände von Regulierungsbehörden gegen die dargestellte Methode sind den Autoren nicht bekannt. Hinweise auf abweichende Varianten der Kalkulation finden sich im Kapitel 12.

5 Kostenartenrechnung

Die Kostenartenrechnung verschafft einen Überblick darüber, wie hoch bestimmte Kostenanteile sind, die in gleicher Weise ausgeprägt sind. Typische Kostenarten sind beispielsweise Personalkosten, Materialkosten und Abschreibungen.

Die gesetzlichen Bestimmungen zur Kostenartenrechnung finden sich im Teil 2, Abschnitt 1 der Stromnetzentgeltverordnung (§§ 4–11). Eine Kostenartenrechnung wird vom Netzbetreiber nur im Zusammenhang mit der regulatorischen Kostenprüfung vor Beginn einer Regulierungsperiode durchgeführt. Betrachtet werden die Kosten des Basisjahrs. Zu Vergleichszwecken erheben die Regulierungsbehörden aber auch die Kosten der Vorjahre.

Das Bild 5-1 beschreibt die grundsätzliche Zusammensetzung der Netzkosten. Die Netzkosten setzen sich aus aufwandsgleichen und kalkulatorischen Elementen zusammen. Außerdem sind kostenmindernde Erlöse in Abzug zu bringen.

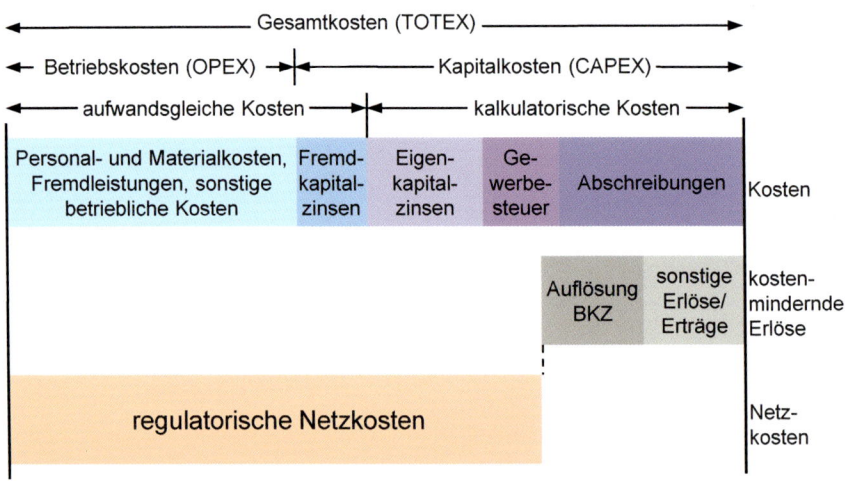

Bild 5-1 Struktur der Kostenartenrechnung zur Ermittlung der Netzkosten
(Darstellung nicht maßstäblich)

Die aufwandsgleichen Kosten (§ 5 StromNEV) werden so bezeichnet, weil sie der Gewinn- und Verlustrechnung des Tätigkeitsabschlusses zu entnehmen sind. Im Wesentlichen handelt es sich hierbei um Materialaufwand, Fremdleistungen und Personalaufwand. Hinzu kommen sonstige betriebliche Aufwendungen. Die oftmals anzutreffende Abkürzung OPEX steht für Operational Expenditures.

Den aufwandsgleichen Kosten gegengerechnet werden kostenmindernde Erlöse oder Erträge (§ 9 StromNEV). Auch sie stammen aus der Gewinn- und Verlustrechnung. Hierzu zählen beispielsweise Auflösungsbeträge von Netzanschlusskostenbeiträgen und Baukostenzuschüssen (BKZ).

Die kalkulatorischen Kosten werden eigens zum Zweck der Kostenprüfung berechnet. Die hierfür verwendete Abkürzung CAPEX steht für Capital Expenditures. CAPEX und OPEX zusammen bezeichnet man auch als TOTEX (Total Expenditures). Die Ermittlung der kalkulatorischen Kosten ist recht komplex, die Stromnetzentgeltverordnung enthält hierzu detaillierte Maßgaben.

Die kalkulatorischen Abschreibungen (§ 6 StromNEV) folgen nicht den handelsrechtlichen Maßgaben. Die Nutzungsdauern sind deutlich länger, die Abschreibung erfolgt linear. Die daraus resultierenden kalkulatorischen Restwerte sind höher als die handelsrechtlichen Restwerte. Neuanlagen (ab Anschaffungsjahr 2006) werden auf Grundlage der historischen Anschaffungs- und Herstellungskosten abgeschrieben. Bei Altanlagen rechnet man die Anschaffungs- und Herstellungskosten zunächst mittels Preisindexreihen in Tagesneuwerte um. Die Abschreibungsbeträge werden teilweise auf Basis der historischen Anschaffungs- und Herstellungskosten und teilweise auf Basis der Tagesneuwerte ermittelt.

Außerdem sind eine kalkulatorische Eigenkapitalverzinsung und eine kalkulatorische Gewerbesteuer zu berechnen. Da es hierfür keine entsprechenden Positionen in der Handelsbilanz gibt, stellen die hierfür gewährten Anteile der Erlösobergrenze den unternehmerischen Gewinn dar und werden auf diesem Weg an den Eigenkapitalgeber, d. h. Eigentümer des Unternehmens, ausgeschüttet.

Die kalkulatorische Eigenkapitalverzinsung (§ 7 StromNEV) wird auf das betriebsnotwendige Eigenkapital (bnEK) gewährt. Auch dies ist eine kalkulatorische Größe, die sich als Restgröße aus einer kalkulatorischen Bilanz ergibt (Bild 5-2). Teile dieser Bilanz (Umlaufvermögen, Abzugskapital) stammen grundsätzlich aus der handelsrechtlichen Bilanz. Beim Sachanlagevermögen wird der handelsrechtliche Restwert durch den deutlich höheren kalkulatorischen Restwert ersetzt. Hierdurch ergibt sich auch eine höhere Eigenkapitalquote als auf rein handelsrechtlicher Basis.

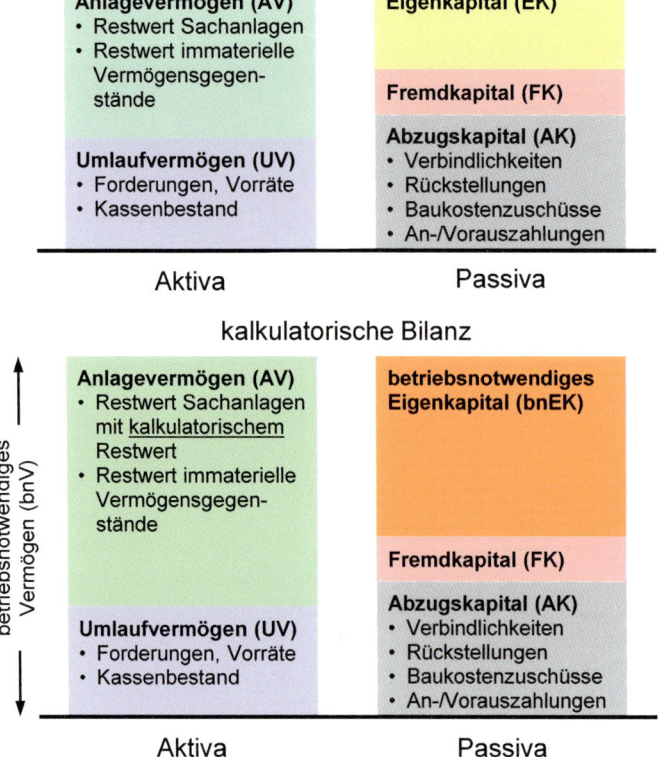

Bild 5-2 Kalkulatorische Bilanz als Grundlage der Ermittlung des betriebsnotwendigen Eigenkapitals im Vergleich zur handelsrechtlichen Bilanz

Die Verzinsung des betriebsnotwendigen Eigenkapitals ist in Bild 5-3 dargestellt. Ganz allgemein wird Eigenkapital im Unternehmen höher verzinst als Fremdkapital, weil der Eigenkapitalgeber das unternehmerische Risiko trägt und der Fremdkapitalgeber im Insolvenzfall vorrangig bedient wird. Im Fall der Strom- und Gasnetze betrachtet der Gesetzgeber eine hohe Eigenkapitalquote als ineffizient, weil sie die Netzkosten erhöht. Sofern die kalkulatorische Eigenkapitalquote über 40 % liegt, wird sie deshalb im Rahmen der Berechnung der Eigenkapitalverzinsung auf 40 % gedeckelt.

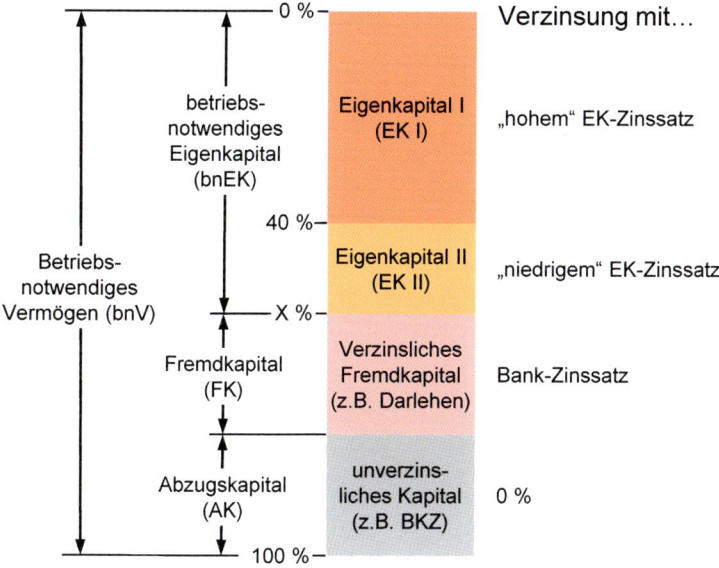

40 % = gedeckelte kalkulatorische Eigenkapitalquote
x % = ungedeckelte kalkulatorische Eigenkapitalquote

Bild 5-3 Verzinsung des betriebsnotwendigen Vermögens

Das Eigenkapital unter 40 % (EK I) wird mit einem hohen Zinssatz verzinst, das Eigenkapital über 40 % (EK II, sogenanntes überschießendes Eigenkapital) mit einem niedrigen Zinssatz, der etwa dem Fremdkapitalzinssatz entspricht. Streng genommen gibt es für das EK I zwei Zinssätze: Für Altanlagen gilt eine abweichende Systematik. Die Inflation wird im Rahmen der Ermittlung von Tagesneuwerten in den Restwerten des Anlagevermögens berücksichtigt, der betreffende Zinssatz ist entsprechend niedriger als bei Neuanlagen. Die EK-I-Zinssätze werden von der Bundesnetzagentur für jede Regulierungsperiode festgelegt, der EK-II-Zinssatz für das Basisjahr ergibt sich direkt aus Maßgaben der Stromnetzentgeltverordnung unter Rückgriff auf veröffentlichte Zinssätze.

Basis für die kalkulatorische Gewerbesteuer (§ 8 StromNEV) ist die kalkulatorische Eigenkapitalverzinsung als kalkulatorischer Gewinn des Netzbetreibers. Die Gewerbesteuer wird mit dem unternehmensindividuellen Hebesatz berechnet.

6 Anpassung der Erlösobergrenze

Die Erlösobergrenze ist ein wichtiges Element der Netzentgeltkalkulation. Der Netzbetreiber muss sicherstellen, dass die kalkulierten Netzentgelte unter Zugrundelegung der prognostizierten Entnahme die Erlösobergrenze nicht überschreiten. Die Erlösobergrenze hat im Rahmen der Netzentgeltkalkulation damit die gleiche Rolle wie die Gesamtkosten im Fall einer rein kostenbasierten Kalkulation.

Die Erlösobergrenze wird zu Beginn der Regulierungsperiode von der Regulierungsbehörde festgelegt und vom Netzbetreiber zum Zweck der Netzentgeltkalkulation angepasst. Die Anpassung der Erlösobergrenze dient der Berücksichtigung aktueller Entwicklungen (§ 4 ARegV). Bei der Anpassung sollte der Netzbetreiber die jeweils aktuellen Hinweise der Regulierungsbehörde beachten.

Die nachfolgend dargestellte sogenannte Regulierungsformel ist gesetzlich festgelegt (Anlage 1 ARegV). Sie beschreibt die Erlösobergrenze EO_t, die ein Netzbetreiber im Jahr t der Regulierungsperiode vereinnahmen darf. Der Index 0 steht dabei für das Basisjahr.

$$EO_t = KA_{dnb,t} + [KA_{vnb,t} + (1 - V_t) \cdot KA_{b,t} + B_0/T] \cdot (VPI_t/VPI_0 - PF_t) + KKA_t + Q_t + (VK_t - VK_0) + S_t$$

In der dargestellten Form gilt die Regulierungsformel für Verteilnetzbetreiber in der dritten Regulierungsperiode. Die Tabelle 6-1 gibt einen Überblick über die Bestandteile der Erlösobergrenze und das Erfordernis der Anpassung. Die Angabe „nein" in der Spalte „Anpassung" bedeutet, dass die Zahlenwerte schon zu Beginn der Regulierungsperiode feststehen. Sie können sich aber von Jahr zu Jahr der Periode unterscheiden.

Tabelle 6-1 Bestandteile der Erlösobergrenze und Erfordernis der Anpassung

Bestandteil	Bedeutung	Festlegung	Anpassung
$KA_{dnb,t}$	dauerhaft nicht beeinflussbare Kosten	Erlösobergrenzenbescheid	ja
$KA_{vnb,t} + (1-V_t) \cdot KA_{b,t}$	Abbau individuelle Ineffizienz (inkl. Kapitalkostenabzug)		nein
B_0 / T	Effizienzbonus (sofern gegeben)		nein
VPI_t / VPI_0	Verbraucherpreisindex		ja
PF_t	genereller sektoraler Produktivitätsfaktor	separate BNetzA-Festlegung	nein
KKA_t	Kapitalkostenaufschlag für Investitionen nach dem Basisjahr	separate Festlegungen auf Basis jährlicher Anträge	ja
Q_t	Qualitätselement (Bonus/Malus)	separate Festlegung	ggf. ja
$VK_t - VK_0$	volatile Kostenanteile, z. B. Kosten für Verlustenergie (sofern gegeben)	separate Festlegung	ggf. ja
S_t	Auflösung von Regulierungskontosalden	separate Festlegungen auf Basis jährlicher Anträge	ja

Ein wichtiger Teil der Anpassung ist die Aktualisierung der sogenannten dauerhaft nicht beeinflussbaren Kostenanteile. Dabei handelt es sich um gesetzlich genau definierte Kostenanteile, die der Netzbetreiber in ihrer Höhe hinnehmen muss. Auch ein vollständig effizienter Netzbetreiber hätte Kosten in dieser Höhe. Der Gesetzgeber durchbricht hier das Konzept einer zeitweiligen Entkopplung von Kosten und Erlösen: Dauerhaft nicht beeinflussbare Kostenanteile – bzw. die entsprechenden Erlösanteile – werden jährlich aktualisiert.

Die Definition der dauerhaft nicht beeinflussbaren Kosten in § 11 Abs. 2 S. 1 ARegV besteht im Wesentlichen aus einer umfangreichen Aufzählung. Tabelle 6-2 enthält einen Auszug, soweit die Aufzählung für Verteilnetzbetreiber relevant ist. In der Tabelle ist beispielhaft auch das jeweilige Bezugsjahr für eine Erlösobergrenze des Jahres 2022 angegeben. Teilweise werden Istwerte des Vorjahres verwendet. Das ist im Beispiel das Jahr 2020, weil die Erlösobergrenze für 2022 im Jahr 2021 angepasst wird und zu dem Zeitpunkt der Jahresabschluss 2020 vorliegt. Diese Kostenanteile werden also mit einem Zeitverzug von zwei Jahren erlöswirksam. Für andere Kostenanteile setzt man Planwerte an (kein Zeitverzug). Im Beispiel würde man im Herbst 2021 für die Erlösobergrenze des Jahres 2022 die Kosten des Jahres 2022 prognostizieren und im Jahr 2023 Plan-Ist-Abweichungen im Antrag zum Regulierungskontosaldo 2022 berücksichtigen (siehe auch Tabelle 6-4).

Tabelle 6-2 Für Verteilnetzbetreiber relevante dauerhaft nicht beeinflussbare Kostenanteile in § 11 Abs. 2 S. 1 ARegV mit Bezugsjahr für eine Erlösobergrenze des Jahres 2022 (Nummerierung entsprechend der Verordnung)

Nr.	Kosten und Erlöse aus…	Bezugsjahr
1	gesetzlichen Abnahme- und Vergütungspflichten	2020 (Istwert)
2	Konzessionsabgaben	2020 (Istwert)
3	Betriebssteuern	2020 (Istwert)
4	vorgelagerten Netzkosten	2022 (Planwert)
5	Nachrüstung von Kleinerzeugern gem. Systemstabilitätsverordnung	2022 (Planwert)
8	Entgelten für dezentrale Einspeisung	2022 (Planwert)
9	betrieblichen und tarifvertraglichen Vereinbarungen zu Lohnzusatz- und Versorgungsleistungen (abgeschlossen vor dem 31.12.2016)	2020 (Istwert)
10	Betriebs- und Personalratstätigkeit	2020 (Istwert)
11	Berufsausbildung, Weiterbildung und Betriebskindertagesstätten	2020 (Istwert)
12a	Forschung und Entwicklung	2020 (Istwert)
13	Auflösung von Baukostenzuschüssen und Netzanschlusskostenbeiträgen	2022 (Planwert)
17	Entschädigung von Einspeisern für Drosselung von EEG-Anlagen (bis 30.09.2021)	2022 (Planwert)

Soweit unter diesen Positionen Erlöse anfallen, wirken diese kostenmindernd. Das ist insbesondere bei Baukostenzuschüssen und Netzanschlusskostenbeiträgen der Fall. Bei gesetzlichen Abnahme- und Vergütungspflichten sowie Konzessionsabgaben sind Kosten und Erlöse etwa gleich hoch, sodass diese Positionen wirtschaftlich nicht relevant sind.

Um den Aufwand für kleine Netzbetreiber zu reduzieren, können diese das vereinfachte Verfahren der Anreizregulierung gewählt haben (§ 24 ARegV). In diesem Verfahren werden die dauerhaft nichtbeeinflussbaren Kosten weitgehend pauschaliert behandelt und sind insoweit nicht jährlich anzupassen. Es verbleiben die jährlichen Anpassungen der vorgelagerten Netzkosten und der Entgelte für dezentrale Einspeisung.

Als dauerhaft nicht beeinflussbare Kostenanteile gelten auch solche aus Maßnahmen, die einer sogenannten wirksamen Verfahrensregulierung unterliegen (§ 11 Abs. 2 S. 2 ARegV). Dies setzt eine umfassende Regulierung des betreffenden Bereichs durch die Regulierungsbehörde oder freiwillige Selbstverpflichtungen der Netzbetreiber voraus, um die Nichtbeeinflussbarkeit der Kosten durch den Netzbetreiber sicherzustellen. In den ersten Jahren der Anreizregulierung wurden teilweise die Kosten aus der Beschaffung von Netzverlustenergie im Rahmen von freiwilligen

Selbstverpflichtungen anerkannt. Derzeit wird die wirksame Verfahrensregulierung im Bereich der Verteilnetzbetreiber kaum angewendet.

Neben den dauerhaft nicht beeinflussbaren Kostenanteilen gibt es vorübergehend nicht beeinflussbare Kostenanteile (§ 11 Abs. 3 ARegV). Hierfür erhält der Netzbetreiber in jedem Jahr der Regulierungsperiode einen grundsätzlich gleichbleibenden Erlösanteil. Dieser ergibt sich aus den grundsätzlich beeinflussbaren Kosten durch Multiplikation mit dem Effizienzwert (§ 12 ARegV). Der Effizienzwert wird vor Beginn der Regulierungsperiode für jeden Netzbetreiber ermittelt und ist ein Zahlenwert zwischen 60 % und 100 %. Netzbetreiber mit 100 % gelten als vollständig effizient. Netzbetreiber im vereinfachten Verfahren der Anreizregulierung erhalten einen Pauschalwert.

Die beeinflussbaren Kostenanteile erhält man aus dem Ausgangsniveau nach Abzug der dauerhaft nicht beeinflussbaren und der vorübergehend nicht beeinflussbaren Kostenanteile (§ 11 Abs. 4 ARegV). Zur Deckung der beeinflussbaren Kostenanteile erhält der Netzbetreiber Erlösanteile, die im Lauf der Regulierungsperiode absinken: von 80 % im ersten Jahr bis zu 0 % im fünften Jahr.

Die beeinflussbaren und die vorübergehend nicht beeinflussbaren Kostenanteile ermittelt die Regulierungsbehörde bereits vor Beginn der Regulierungsperiode für jedes Jahr der Periode. Gleiches gilt für den Kapitalkostenabzug, der die vorgenannten Kostenanteile mindert und den Wertverlust des Bestandsnetzes berücksichtigt. Der Netzbetreiber übernimmt die geminderten Kostenanteile für das relevante Jahr aus dem behördlichen Bescheid.

Die Tabelle 6-3 zeigt ein vereinfachtes Beispiel für die Berechnung der vorübergehend nicht beeinflussbaren und der beeinflussbaren Kostenanteile. Das Beispiel berücksichtigt nur die ersten beiden Summanden der Regulierungsformel und vernachlässigt zudem Verbraucherpreisindex, generellen sektoralen Produktivitätsfaktor, den Kapitalkostenabzug und Effizienzbonus. Im Rahmen der Anpassung der Erlösobergrenze muss der Netzbetreiber insoweit nur den berücksichtigungsfähigen Anteil der beeinflussbaren Kostenanteile aktualisieren.

Tabelle 6-3 Beispiel für die Kostenanteile der Regulierungsformel im 4. Jahr der Regulierungsperiode bei einem Netzbetreiber mit einem Effizienzwert von 90 %

Nr.	Kosten- bzw. Erlösanteil	Erläuterung	Basisjahr	4. Jahr der Periode
1	Gesamtkosten	Ausgangsniveau	140	
2	dauerhaft nicht beeinflussbare Kostenanteile		40	42
3	grundsätzlich beeinflussbare Kosten	(1) – (2)	100	
4	vorübergehend nicht beeinflussbare Kostenanteile	90 % von (3)	90	90
5	beeinflussbare Kostenanteile	(3) – (4)	10	
6	davon im vierten Jahr zu berücksichtigen $(1-V_t)$	20 % von (5)		2
7	Erlösobergrenze	(2) + (4) + (6)		134

Neben den beschriebenen Kostenanteilen ist die Inflationskorrektur anzupassen (§ 8 ARegV). Als Inflationskorrektur wird der Verbraucherpreisindex des Statistischen Bundesamts verwendet. Zum Zeitpunkt der Festlegung der Erlösobergrenze ist der aktuell zu verwendende Indexwert noch unbekannt.

Weitere Anpassungen betreffen Festlegungen der Regulierungsbehörde in anderen Verwaltungsverfahren als dem Erlösobergrenzenverfahren. Sollten erforderliche Bescheide zum Zeitpunkt der Anpassung der Erlösobergrenze noch nicht vorliegen, muss der Netzbetreiber sich mit Schätzwerten behelfen. Dies können die beantragten Werte sein oder Prognosewerte bezüglich der mutmaßlichen Festlegung. Zu den vorgenannten Verwaltungsverfahren zählen die jährlichen Festlegungen zum Kapitalkostenaufschlag (§ 10a ARegV) und zum Regulierungskontosaldo (§ 5 ARegV). Hinzu kommen etwaige Festlegungen zum Qualitätselement (§ 19 ARegV, nicht relevant im vereinfachten Verfahren der Anreizregulierung) sowie zu volatilen Kostenanteilen.

Volatile Kostenanteile (§ 11 Abs. 5 ARegV) können von der Behörde festgelegt werden, wenn die betreffenden Kostenanteile der Netzbetreiber von Jahr zu Jahr stark schwanken. Das ist insbesondere bei den Kosten für Netzverlustenergie der Fall, deren Höhe von der Preisentwicklung im Stromgroßhandel abhängt. Hier liegt für Verteilnetzbetreiber der wesentliche Anwendungsbereich der volatilen Kostenanteile.

Sollte der Netzbetreiber nach dem Basisjahr der Regulierungsperiode Teilnetze von anderen Netzbetreibern übernehmen oder an diese abgeben (sogenannter Netzübergang, § 26 ARegV), so sind auch diesbezügliche Bescheide der Regulierungsbehörde bei der Anpassung der Erlösobergrenze zu berücksichtigen.

Zu beachten ist, dass die Regulierungsbehörden einmal festgelegte Werte, z. B. die Erlösobergrenzen oder den Kapitalkostenaufschlag, auch nachträglich ändern können. Das ist beispielsweise der Fall, wenn eine Festlegung sich im Rahmen einer gerichtlichen Überprüfung als rechtswidrig erweisen sollte. In dem Fall sind einer Anpassung der Erlösobergrenze die geänderten Festlegungen zu Grunde zu legen, sofern der bisherige Bescheid nicht bereits bestandskräftig ist.

Mit Blick auf die Erlösanteile für den Messstellenbetrieb stellt sich die Frage, ob der Netzbetreiber Erlössenkungen aufgrund des Übergangs von Messstellen an andere Messstellenbetreiber oder an den intelligenten Messstellenbetrieb vornimmt. Die Vorgehensweise in der Branche ist hierzu nicht einheitlich. Die Regulierungsbehörden tendieren dazu, diese Erlössenkungen erst nachträglich bei der Ermittlung des Regulierungskontosaldos zu berücksichtigen.

Die beschriebene Anpassung der Erlösobergrenze wird in der Regel im Spätsommer oder Herbst eines Jahres für die Erlösobergrenze des Folgejahres durchgeführt. Damit kann der Netzbetreiber zum 15. Oktober die voraussichtlichen Netzentgelte des Folgejahres veröffentlichen (§ 20 Abs. 1 EnWG).

Sinkt die Erlösobergrenze des Folgejahres im Vergleich zum laufenden Jahr, muss der Netzbetreiber die Netzentgelte anpassen. Steigt die Erlösobergrenze, darf er sie anpassen (§ 20 Abs. 2 EnWG). Ein Verzicht auf die Anpassung bedeutet aber zugleich einen Erlösverzicht. Deshalb ist die Kalkulation neuer Netzentgelte zum 15. Oktober Standard.

Eine Neukalkulation der Netzentgelte zum 1. Januar des Folgejahres ist hingegen nicht obligatorisch. Die Regulierungsbehörden legen den Netzbetreibern nahe, im Interesse der Stromlieferanten die am 15. Oktober veröffentlichten vorläufigen Netzentgelte als endgültige Netzentgelte beizubehalten, wenn sich die Erlösobergrenzen nach dem 15. Oktober aufgrund neuer Erkenntnisse nur noch „unwesentlich" ändern. Was „unwesentlich" konkret bedeutet, wird dabei nicht von allen Behörden spezifiziert. Die Regulierungskammer Nordrhein-Westfalen hat eine Schwelle von drei Prozent der aktuell gültigen Erlösobergrenze genannt.

Sollte der Netzbetreiber angesichts „unwesentlicher" Änderungen der Erlösobergrenze von einer Neukalkulation absehen, so entstehen ihm daraus keine wirtschaftlichen Vor- oder Nachteile. Die Regulierungsbehörden stellen in Aussicht, die hierdurch zu viel oder zu wenig erlösten Netzentgelte im Rahmen des Regulierungskontosaldos zu berücksichtigen. Der Ausgleich erfolgt damit inkl. einer angemessenen Verzinsung in späteren Jahren (Kapitel 2.2).

Der gesamte zeitliche Ablauf für ein Kalkulationsjahr ist in der Tabelle 6-4 beispielhaft dargestellt.

Tabelle 6-4 Zeitliche Abfolge der Kalkulationsschritte und des nachträglichen Ausgleichs von Abweichungen am Beispiel des Lieferjahres 2022

Zeitpunkt	Ereignis bzw. Aktivität
2016	Basisjahr der dritten Regulierungsperiode (2019–2023)
ca. 2019	Bescheid zur Erlösobergrenze der dritten Regulierungsperiode
2021	Anpassung der Erlösobergrenze 2022, teilweise unter Verwendung von Ist-Daten 2020, anschließend Netzentgeltkalkulation
	15.10.: Veröffentlichung des vorläufigen Preisblatts für 2022
2022	01.01.: Veröffentlichung des endgültigen Preisblatts für 2022
	Rechnungsstellung und Vereinnahmung der Netzentgelte
2023	30.06.: Antrag zum Regulierungskontosaldo für 2022, Abgleich erzielter mit zulässigen Erlösen und Plan-Ist-Abgleich definierten Kostenpositionen
2024–2026	Ausgleich des Regulierungskontosaldos für 2022 durch Zu- oder Abschläge auf die Erlösobergrenze

7 Kostenstellenrechnung

Eine Kostenstellenrechnung- gibt Auskunft darüber, wo Kosten angefallen sind. Die Kosten werden dabei aus Sicht des Unternehmens bzw. Herstellers von Produkten strukturiert. In der Kosten- und Leistungsrechnung ist die Kostenstellenrechnung ein Zwischenschritt zwischen Kostenarten- und Kostenträgerrechnung.

Die gesetzlichen Bestimmungen zur Kostenstellenrechnung finden sich im Teil 2, Abschnitt 2 der Stromnetzentgeltverordnung (§§ 12–14). Die zu verwendenden Kostenstellen werden vom Gesetzgeber vorgegeben. Die Tabelle 7-1 gibt die Struktur der Haupt- und Nebenkostenstellen wieder.

Tabelle 7-1 Kostenstellen gemäß der Anlage 2 der Stromnetzentgeltverordnung

Nr.	Hauptkostenstellen	Nebenkostenstellen
1	Systemdienstleistungen	Regelenergie
		Systemführung
2	Höchstspannungsnetz	Höchstspannungsleitungsnetz
		Höchstspannungsanlagen
3	Umspannung Höchst- auf Hochspannung	
4	Hochspannungsnetz	Hochspannungsleitungen
		Hochspannungsanlagen
5	Umspannung Hoch- auf Mittelspannung	
6	Mittelspannungsnetz	Mittelspannungsleitungen
		Mittelspannungsanlagen
7	Umspannung Mittel- auf Niederspannung	
8	Niederspannungsnetz	Niederspannungsleitungen
		Anlagen der Straßenbeleuchtung
9	Hausanschlussleitungen und Hausanschlüsse	
10	Messstellenbetrieb	Höchstspannungsnetz
		Umspannung Höchst- auf Hochspannung
		Hochspannungsnetz
		Umspannung Hoch- auf Mittelspannung
		Mittelspannungsnetz
		Umspannung Mittel- auf Niederspannung
		Niederspannungsnetz

Der Netzbetreiber muss seine Netzkosten den Hauptkostenstellen vollständig zuzuordnen (§ 13 StromNEV). Relevant sind dabei natürlich nur Kostenstellen von Netz- und Umspannebenen, die der Netzbetreiber selbst betreibt. Ein Netzbetreiber mit dem Mittelspannungsnetz als höchster Netz-/Umspannebene hat beispielsweise die Hauptkostenstellen Nr. 6 bis 10.

Die Kostenstellenrechnung erfolgt nach Möglichkeit durch eine direkte Zuordnung zu den Kostenstellen (§ 12 StromNEV). Sofern dies nicht möglich ist, sind die Kosten verursachungsorientiert durch eine angemessene Schlüsselung auf die Kostenstellen zu verteilen. Die gewählten Schlüssel müssen sachgerecht sein und sind nachvollziehbar sowie vollständig zu dokumentieren. Die Schlüssel sind stetig anzuwenden. Sie dürfen nur dann geändert werden, wenn es „sachlich geboten" ist.

Im Kontext der Netzentgeltkalkulation bedeutet „Kostenstellenrechnung", dass die angepasste Erlösobergrenze gerade so aufzuteilen ist, wie es der Struktur der Kostenstellen entspricht (§ 21 Abs. 1 StromNEV). Dies wird im Bild 7-1 veranschaulicht.

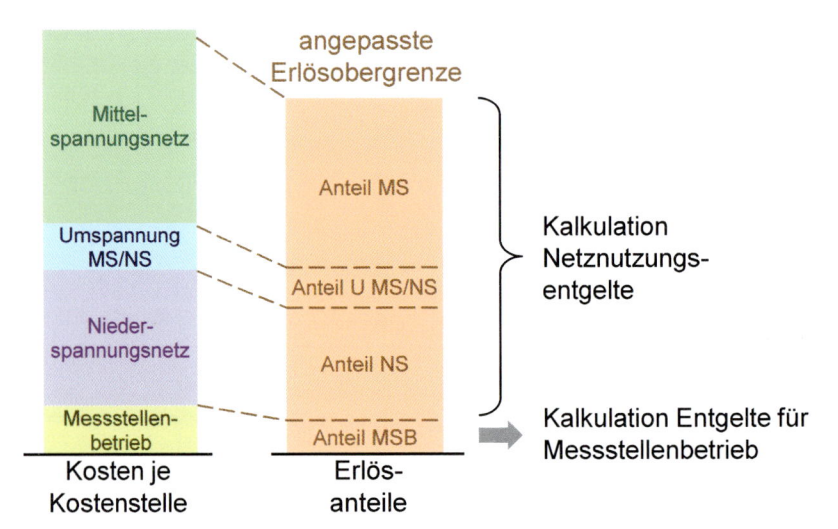

Bild 7-1 Ermittlung der auf die einzelnen Kostenstellen entfallenden Erlösobergrenzenanteile am Beispiel eines Netzbetreibers mit den Netzebenen 5, 6 und 7 (schematisch)

Die gesetzlichen Maßgaben legen eine Aufteilung der Erlösobergrenze auf Grundlage der Daten des letzten abgeschlossenen Geschäftsjahres nahe. Gesicherte Erkenntnisse über das Planjahr können dabei berücksichtigt werden (§ 3 Abs. 1 StromNEV). Dieses Verfahren ist jedoch aufwändig, weil dies strenggenommen auch die jährliche

Ermittlung kalkulatorischer Kosten für jede Netz- und Umspannebene erfordert. Zudem können jährliche Kostenschwankungen je Kostenstelle sich in die Netznutzungspreise fortpflanzen.

Deshalb erfolgt eine Aufteilung der angepassten Erlösobergrenze oftmals mittels Kostenstellenschlüssel auf Grundlage der Kostenverteilung des Basisjahrs. Die Kosten des Basisjahrs mussten ohnehin für die regulatorische Kostenprüfung aufbereitet werden. Der Netzbetreiber muss entscheiden, ob er bestimmte Kostenanteile von der Schlüsselung ausnimmt. Ein Beispiel hierfür können die vorgelagerten Netzkosten sein, die nur in der obersten Netz- bzw. Umspannebene auftreten und sich im Zeitablauf eventuell atypisch entwickeln.

Die Kosten des Messstellenbetriebs rechtfertigen u. U. eine gesonderte Behandlung. Zum einen ist kritisch zu hinterfragen, ob Anpassungen der Erlösobergrenze (z. B. Kapitalkostenaufschlag, Qualitätselement) das Messwesen in gleicher Weise betreffen wie die Kostenstellen des eigentlichen Netzes. Eine separate Fortschreibung des Erlösobergrenzenanteils „Messstellenbetrieb" kann die Besonderheiten dieses Bereichs häufig besser abdecken. Zum anderen wird der Messstellenbetrieb in den nachfolgenden Schritten ohnehin abweichend behandelt.

Sollte ein Netzbetreiber mehrere Netze betreiben, etwa weil er Netze von unterschiedlichen Eigentümern pachtet, so hat er dennoch nur eine Erlösobergrenze für alle Netze. Im Rahmen der Kostenstellenrechnung stellt sich dem Netzbetreiber die Frage, ob er die Erlösobergrenze zusätzlich auf die Einzelnetze aufteilt mit dem Ziel, unterschiedliche Netznutzungspreise für die Einzelnetze zu bilden. Die Regulierungsbehörden sehen dies kritisch. Sie vertreten den Standpunkt „ein Netzbetreiber – ein Netzentgelt". Deshalb war eine räumliche Differenzierung der Netzentgelte nur in den ersten Jahren der Anreizregulierung zu beobachten.

8 Ermittlung des Mengengerüsts

Die bisher beschriebenen Kalkulationsschritte befassten sich ausschließlich mit Kosten und Erlösen, also Eurowerten. In den nachfolgenden Schritten werden Arbeits- und insbesondere Leistungswerte benötigt. Leistungswerte sind bei der Kalkulation wichtig, weil der höchste Leistungsbedarf maßgeblich für die Kapazität und damit die Kosten der Netzanlagen ist. Der Netzbetreiber muss ein konsistentes Mengengerüst aufbauen, das die Verhältnisse im nachfolgenden Lieferjahr möglichst gut widerspiegelt. Rechtliche Vorgaben gibt es für diese Aufgabe nicht, außer den allgemeinen Maßgaben, dass die daraus abgeleiteten Netzentgelte sachgerecht sind und die Erlöse die angepasste Erlösobergrenze möglichst gut treffen sollen.

Einen Überblick über die zu ermittelnden Daten gibt die Tabelle 8-1. Der Netzbetreiber benötigt im Wesentlichen Jahresenergiemengen und Jahreshöchstleistungen.

Tabelle 8-1 Typisches Mengengerüst eines Netzbetreibers mit drei Netz- und Umspannebenen für die Netzentgeltkalkulation

Bereich	Daten		MS	U MS/ NS	NS
Netz- oder Umspann-ebene	zeitgleiche Jahreshöchstlast aller Entnahmen	kW	X	X	X
	zeitgleiche Jahreshöchstleistung der Entnahme der nachgelagerten Ebene	kW	X	X	
	Jahreshöchstleistung Netzverluste	kW	X	X	X
	Jahresenergiemenge Netzverluste	kWh	X	X	X
RLM-Kunden	zeit**un**gleiche Jahreshöchstleistung < 2.500 h	kW	X	X	X
	Jahresverbrauch < 2.500 h	kWh	X	X	X
	zeit**un**gleiche Jahreshöchstleistung > 2.500 h	kW	X	X	X
	Jahresverbrauch > 2.500 h	kWh	X	X	X
SLP-Kunden	Jahresverbrauch	kWh			X
	Jahreshöchstleistung oder Benutzungsdauer				Annahme
	ggf. Anzahl (für Grundpreiskalkulation)		-		(X)
Messwesen	Anzahl der Messeinrichtungen je Gerätetyp		-	X	X

Das Bild 8-1 beschreibt das dem Mengengerüst für Arbeit und Leistung zugrunde liegende Lastflussschema. Zu differenzieren ist nach Netz- und Umspannebenen, nach Einspeisungen und Entnahmen, nach RLM- und SLP-Kunden sowie später für RLM-Kunden nach Benutzungsdauern größer und kleiner 2.500 h. Im Regelfall müssen auch Mengen für Kunden mit Sonderentgelten (Kapitel 11) separiert werden.

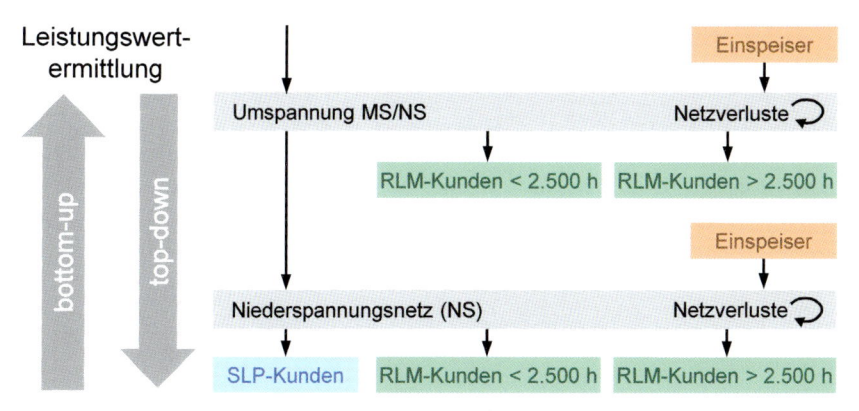

```
Leistungswert-
  ermittlung                                                    Einspeiser
                                                                    ↓
        ↑           ↓
     bottom-up   top-down    Umspannung MS/NS              Netzverluste ↻

                                              ↓                    ↓
                                  RLM-Kunden < 2.500 h  RLM-Kunden > 2.500 h

                                                                Einspeiser
                                                                    ↓
                            ↓
                    Niederspannungsnetz (NS)              Netzverluste ↻

                    ↓              ↓                    ↓
                SLP-Kunden   RLM-Kunden < 2.500 h  RLM-Kunden > 2.500 h
```

Bild 8-1 Lastflussschema der Netz- und Umspannebenen (hier: Ausschnitt Umspannung MS/NS und NS-Netz)

Die Daten der Einspeisungen und Entnahmen verwendet der Netzbetreiber nachfolgend als Kostenträger für die Preiskalkulation sowie für den Abgleich des Gleichzeitigkeitsgrads. Daneben sind auch Daten für die gesamte Netz- bzw. Umspannebene erforderlich. Sie werden beispielsweise zur Berechnung der Briefmarke und ebenfalls zum Abgleich des Gleichzeitigkeitsgrads verwendet.

Die Darstellung im Bild 8-1 wurde zur besseren Übersicht vereinfacht. Im Allgemeinen zählen zu den Einspeisungen:

- Einspeisung aus fremder vorgelagerter Ebene (vorgelagerter Netzbetreiber),
- Einspeisung aus eigener vorgelagerter Ebene,
- dezentrale Einspeisung in die Ebene,
- Rückspeisung aus fremder nachgelagerter Ebene (Weiterverteiler),
- Rückspeisung aus eigener nachgelagerter Ebene

und zu den Ausspeisungen:

- Abgabe an Letztverbraucher,
- Ausspeisung an fremde nachgelagerte Ebene (Weiterverteiler),
- Ausspeisung an eigene nachgelagerte Ebene,
- Rückspeisung in fremde vorgelagerte Ebene (vorgelagerter Netzbetreiber),
- Rückspeisung in eigene vorgelagerte Ebene.

Grundsätzlich gilt für jede Netz- und Umspannebene, dass die Summe aller Einspeisungen zu jeder Viertelstunde der Summe der Ausspeisungen zuzüglich der Stromtransportverluste (Netzverlustenergie) entsprechen muss. Die Netzlast enthält die Netzverluste und ist insoweit ein Bruttowert. In der Kalkulation werden teilweise auch Werte ohne Netzverluste verwendet und dann als Nettowerte bezeichnet.

Da die kalkulierten Netzentgelte die Erlösobergrenze möglichst gut treffen sollen, muss für alle zu ermittelnden Daten eine Mengenprognose für das Folgejahr erstellt werden. Ausgangspunkt hierfür können die Istwerte des letzten abgeschlossenen Geschäftsjahrs sein. Zu beachten ist aber auch, dass alle energiewirtschaftlichen Daten von Jahr zu Jahr gewissen Schwankungen unterliegen, die sich prinzipiell bis in die Netznutzungspreise fortpflanzen können. Rein zufällige Preisschwankungen sind aber eher unerwünscht. Dies spricht dafür, nicht jährlich auf neuen Ist-Daten des Vorjahrs neu aufzusetzen, sondern alte Ansätze mit Augenmaß fortzuentwickeln. Der Netzbetreiber kann mit Blick auf die allgemeine Entwicklung der Ein- und Ausspeisungen pauschale Anpassungen vornehmen. Manchmal bieten sich Einzelkorrekturen bei großen RLM-Kunden oder im Fall von Netzerweiterungen bzw. Netzübergängen (d.h. der Übernahme oder Abgabe von Teilnetzen im Rahmen eines Konzessionswettbewerbs, § 26 ARegV) an.

8.1 Arbeitsflussrechnung

Die Arbeitsflussrechnung beschreibt nach dem Schema von Bild 8-1 die Jahresenergiemengen, die aus jeder Netz-und Umspannebene ein- und ausgespeist werden. Alle ermittelten Werte haben die Einheit kWh/a.

Die Werte der RLM- und SLP-Kunden sowie der dezentralen Einspeisungen liegen grundsätzlich vor, z. B. als Grundlage für den Jahresabschluss, und werden für die Arbeitsflussrechnung verwendet.

Netzverluste kann man nicht direkt messen. Sie liegen dem Netzbetreiber aus einer Gesamtnetzbilanz als Summenwert vor und müssen durch Schätzung auf die einzelnen Netz- und Umspannebenen verteilt werden. Dabei ist zu beachten, dass nicht zwischen allen Netz- und Umspannebenen Messeinrichtungen eingebaut sind. In den Umspannebenen Höchst- zu Hochspannung und Hoch- zu Mittelspannung befinden sich im Regelfall Messeinrichtungen, üblicherweise aber nicht zu beiden angrenzenden Netzebenen hin. In der Umspannebene Mittel- zu Niederspannung sind Messeinrichtungen eher die Ausnahme.

Für die prozentualen Netzverluste, d. h. den Anteil der Verlustenergiemenge an der Ausspeisemenge, gibt es für jede Netz- und Umspannebene Erfahrungswerte. Beispielsweise verwendete die Bundesnetzagentur im Rahmen der Kostenprüfung zur dritten Regulierungsperiode die in der Tabelle 8-2 aufgeführten Aufgreifschwellen. Ermittelt wurden die Werte durch Division der jeweiligen Verlustenergiemenge durch die eingespeiste Energiemenge. Die Aufgreifschwellen liegen über den von der Behörde ermittelten Durchschnittswerten. Höhere Verluste betrachtete die Behörde als ineffizient mit der Folge von Kostenkürzungen.

Tabelle 8-2 Aufgreifschwellen der Bundesnetzagentur für Verlustenergiequoten im Rahmen der Kostenprüfung für die dritte Regulierungsperiode (Basisjahr 2016).
Quelle: www.bundesnetzagentur.de

Netz- oder Umspannebene	Aufgreifschwelle (Westdeutschland)	Aufgreifschwelle (Ostdeutschland)
Hochspannungsnetz, Umspannung HS/MS	0,5 %	0,5 %
Mittelspannungsnetz	1,0 %	1,3 %
Umspannung MS/NS, Niederspannungsnetz	2,4 %	3,1 %

Auf Grundlage solcher Erfahrungswerte sowie aller gemessenen Werte kann der Netzbetreiber die Netzverluste je Netz- und Umspannebene sowie die zwischen denn Ebenen fließenden Mengen recht genau schätzen.

8.2 Leistungsflussrechnung

Die Leistungsflussrechnung beschreibt nach dem Schema von Bild 8-1 die Jahreshöchstleistungen, die aus jeder Netz- und Umspannebene ein- und ausgespeist werden. Alle ermittelten Werte haben die Einheit kW.

Grundsätzlich geht man genauso vor wie bei der Arbeitsflussrechnung. Die Leistungsflussrechnung ist jedoch aufwändiger als die Arbeitsflussrechnung, denn für die Gesamtwerte der Netz- und Umspannebenen werden zeitgleiche Jahreshöchstleistungen benötigt. Deshalb muss die Aggregation durch Addition von Jahresleistungsganglinien erfolgen. Es genügt nicht, Jahreshöchstleistungen einzelner Messreihen zu addieren. Das bedeutet auch, dass der Netzbetreiber ganze Jahresganglinien oder zumindest ihre Benutzungsdauer schätzen muss. Dies kann erheblichen Einfluss auf die benötigten zeitgleichen Jahreshöchstleistungen der Netz- und Umspannebenen haben.

Netzbetreiber haben in manchen Spannungsebenen Teilnetze, die untereinander nicht verbunden sind. Dadurch können in den Teilnetzen Jahreshöchstleistungen zu unterschiedlichen Zeitpunkten auftreten. Für die Leistungsflussrechnung des Gesamtnetzes wird diese technische Sichtweise häufig vernachlässigt. Das bedeutet, dass alle Einspeisungen und Entnahmen so behandelt werden, als wären sie an einem zusammenhängenden Netz angeschlossen.

Eine ähnliche Situation kann in der obersten Ebene bezüglich der Einspeisung des vorgelagerten Netzbetreibers vorliegen. Wenn der Netzbetreiber mehrere Übergabestellen zum vorgelagerten Netzbetreiber oder gar mehrere vorgelagerte Netzbetreiber hat, ist die dort abgerechnete Bezugsleistung üblicherweise für die Leistungsflussrechnung nicht relevant, weil die Abrechnungsleistungen gegebenenfalls nicht gleichzeitig auftreten.

Bei den Netzverlusten je Netz- und Umspannebene kann der Netzbetreiber auf den im Rahmen der Arbeitsflussrechnung geschätzten Verlustenergiemengen und der Summeneinspeiseganglinie der jeweiligen Ebene aufbauen. Bei Arbeitsverlusten von z. B. 2 % könnte man jeden Wert der Einspeiseganglinie mit 2 % multiplizieren. Tatsächlich sind die Leistungswerte der Verlustganglinie aus physikalischen Gründen etwa proportional zum Quadrat der jeweiligen Einspeisewerte. Deshalb sind die prozentualen Leistungsverluste höher als die prozentualen Arbeitsverluste: Im Beispiel könnte die Jahreshöchstleistung der Netzverluste 3,5 % der Jahreshöchstleistung der Einspeiseganglinie betragen. Für die Umrechnung von Arbeits- auf Leistungsverluste gibt es in der Branche langjährige Erfahrungswerte.

Bei der Ermittlung der Leistungsflüsse zwischen Mittel- und Niederspannung sowie der Aufteilung auf RLM- und SLP-Kunden bestehen größere Unsicherheiten. Wie schon erwähnt, fehlen vielfach Messeinrichtungen zwischen Mittel- und Niederspannungsnetz. Zudem entfällt der Großteil der Abgabe an Letztverbraucher in der Niederspannung auf SLP-Kunden, bei denen keine gemessenen Lastgänge vorliegen. Gleiches gilt für viele dezentrale Einspeiser ins Niederspannungsnetz.

Bei der Ermittlung der Leistungswerte arbeitet man sich in der Netzebenenhierarchie entweder von oben nach unten (top-down) oder von unten nach oben (bottom-up) vor. Auch Mischverfahren werden praktiziert, abhängig von der Datenverfügbarkeit.

Das Top-down-Verfahren beginnt mit der höchsten vom Netzbetreiber betriebenen Netz- oder Umspannebene. Die Zeitreihe der Entnahme beim vorgelagerten Netzbetreiber liegt gemessen vor. Addiert werden die dezentralen Einspeiser in die Ebene (ebenfalls registrierende Lastgangmessung). Aus dem so erhaltenen Netzlastgang wird die Verlustganglinie durch Schätzung ermittelt und anschließend von dem Netzlastgang subtrahiert. Nach Abzug der Abgabe an Letztverbraucher (ebenfalls RLM-Kunden) steht der Summenlastgang der Abgabe an die nachgelagerte Netz- bzw. Umspannebene fest. Dort wird entsprechend verfahren, bis man im Niederspannungsnetz ankommt. Hier sind zusätzlich Schätzungen für den Leistungsbedarf der dezentralen Einspeiser ohne Lastgangmessung erforderlich. Dafür verwendet man wie bei SLP-Kunden spezielle Standardeinspeiseprofile (SEP). Nach Addition aller dezentralen Einspeiser und Abzug der Verlustganglinie sowie der Entnahme der RLM-Kunden ergibt sich dann als Restgröße die Summenganglinie aller SLP-Kunden.

Beim Bottom-up-Verfahren beginnt man in der Niederspannung mit den SLP-Kunden. Die Summenganglinie der SLP-Kunden wird auf Basis von Standardlastprofilen mit typischen Benutzungsdauern geschätzt. Für die Benutzungsdauer dieser Profile nennt der schon im Kapitel 4 erwähnte VDEW-/VDN-Kalkulationsleitfaden die in Tabelle 8-3 aufgeführten Anhaltswerte.

Tabelle 8-3 Typische Benutzungsdauern von SLP-Kunden (VDEW/VDN 2007)

Verbrauchergruppe	Jahresbenutzungsdauer
Haushalt	400 – 600 h
Gewerbe	800–1.300 h
Landwirtschaft	700–1.200 h

Zu den SLP-Kunden addiert man den Summenlastgang der RLM-Kunden und erhält so den Netto-Netzlastgang des Niederspannungsnetzes. Dieser dient als Grundlage zur Schätzung der Verlustganglinie. Nach Addition der Verlustganglinie und Subtraktion der Einspeiselastgänge sowie der Standardeinspeiseprofile erhält man die Bezugsganglinie des Mittelspannungsnetzes aus der Umspannung MS/NS und kann dort entsprechend verfahren.

Nach Abschluss des Top-down- bzw. des Bottom-up-Verfahrens wird allen Lastgängen die zeitgleiche Jahreshöchstleistung als Wert entnommen.

8.3 Messstellenbetrieb

Auch die Kalkulation der Entgelte für den Messstellenbetrieb erfordert eine Mengenprognose. Mengen sind hier die Anzahl der Messeinrichtungen und Zusatzeinrichtungen nach Gerätetyp. Eine Differenzierung nach Netzebenen ist sinnvoll. Die Mengen der Messeinrichtungen für Umspannungskunden hingegen rechnet man der jeweils nachgelagerten Netzebene hinzu, da sich die Preise für Messstellenbetrieb zwischen Umspannebenen und nachgelagerten Netzebenen üblicherweise nicht unterscheiden. Es werden die gleichen Geräte in einer Netz- und der vorgelagerten Umspannebene verwendet.

Bei der Bildung der Prognosewerte ist auch zu entscheiden, wie mit dem Umbau von herkömmlichen Messeinrichtungen hin zum intelligenten Messstellenbetrieb (moderne Messeinrichtungen und intelligente Messsysteme) verfahren werden soll (Kapitel 2.5 und 6). Abhängig von der Entscheidung sind die Prognosewerte für die Anzahl moderner Messeinrichtungen und intelligenter Messsysteme auf die Werte des Basisjahrs zu senken (in der dritten Regulierungsperiode also faktisch auf null) und die Senkungsbeträge für die Netzentgeltkalkulation den herkömmlichen Messeinrichtungen zuzuschlagen.

Bei SLP-Kunden muss auch die Anzahl der Messvorgänge prognostiziert werden. Mit dem jährlichen Entgelt für Messstellenbetrieb wird üblicherweise auch die jährliche Turnusablesung abgegolten. Interessant für die nachfolgende Kalkulation sind vor allem Sonderfälle. Das können Vereinbarungen mit Lieferanten bzgl. eines kürzeren Ableseturnus sein (halbjährlich, vierteljährlich, monatlich) oder einzeln beauftragte Zwischenablesungen, z. B. auf Wunsch des Kunden oder bei Lieferantenwechsel.

9 Kostenwälzung

Die Kostenwälzung ist ein Zwischenschritt zwischen der Kostenstellen- und der Kostenträgerrechnung. Sie ist am Ende des Abschnitts „Kostenstellenrechnung" in der Stromnetzentgeltverordnung geregelt (§ 14 StromNEV) und nimmt bereits Bezug auf den nachfolgenden Abschnitt „Kostenträgerrechnung". Dieser Zwischenschritt stellt eine Besonderheit der Netzentgeltkalkulation Strom dar, der beispielsweise bei der Netzentgeltkalkulation Gas fehlt bzw. in anderer Form realisiert wird.

Das gesetzliche Netzzugangsmodell unterstellt einen Stromfluss vom virtuellen Handelspunkt im Übertragungsnetz zum Endkunden, also „von oben nach unten" in der Netzebenenhierarchie. Eine nachgelagerte Netz- bzw. Umspannebene nutzt also die vorgelagerte Netz- bzw. Umspannebene in gleicher Weise wie ein Letztverbraucher dieser vorgelagerten Ebene mit gleichem Entnahmeverhalten. Deshalb muss jede Netz- und Umspannebene einen Teil der Kosten der vorgelagerten Ebene übernehmen und kann einen Teil der so entstehenden Kostensumme wiederum an die nachgelagerte Ebene weiterreichen. Diese Wälzung bezieht sich nur auf die Kostenstellen der Netz- und Umspannebenen, nicht die des Messstellenbetriebs.

Im Kontext der Netzentgeltkalkulation bedeutet Kostenwälzung eine entsprechende Wälzung von Anteilen der Erlösobergrenze (§ 21 Abs. 1 StromNEV). Korrekt wäre demnach „Erlöswälzung". Der Begriff Kostenwälzung ist insoweit irreführend. Er hat sich aber eingebürgert und wird deshalb in diesem Buch verwendet. Das Prinzip der Kostenwälzung ist im Bild 9-1 dargestellt, dies ist ein Ausschnitt aus dem Bild 4-1.

Im Rahmen der Kostenaggregation wird den originären Erlösanteilen einer Netz- bzw. Umspannebene aus der Kostenstellenrechnung der Erlösanteil der vorgelagerten Ebene zugerechnet. Dabei handelt es sich um den Anteil, der in der vorgelagerten Ebene nicht von den direkten Entnahmen getragen wird (§ 14 Abs. 1 StromNEV). Die so ermittelte Summe ist die Grundlage für die nachfolgende Kostenträgerrechnung. Anschließend werden die Erlösanteile der betrachteten Ebene aufgeteilt. Ein Anteil wird durch direkte Entnahmen aus der Ebene gedeckt, der andere Anteil in die nachgelagerte Ebene „gewälzt", d. h. dieser zugeordnet.

Dieser Vorgang wird in allen Ebenen in gleicher Weise durchgeführt. Lediglich in der obersten und untersten Ebene sind Besonderheiten zu beachten. In der höchsten vom Netzbetreiber selbst betriebenen Ebene gibt es keinen aus der vorgelagerten Ebene gewälzten Anteil. Stattdessen enthalten die Kosten dieser Ebene die vorgelagerten Netzkosten, also die an den vorgelagerten Netzbetreiber gezahlten Netzentgelte. In der niedrigsten vom Netzbetreiber betriebenen Ebene, im Regelfall dem Niederspannungsnetz, entfällt die Kostenwälzung in die nachgelagerte Ebene.

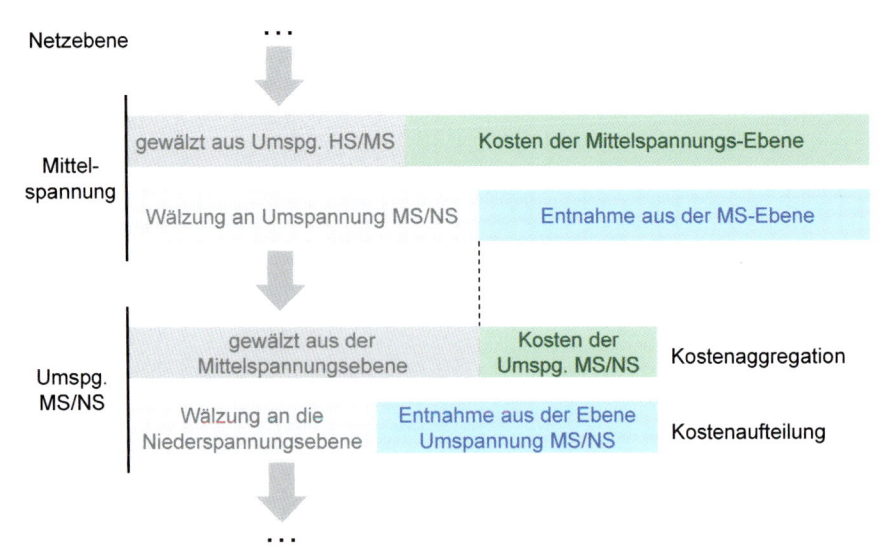

Bild 9-1 Kostenwälzung zwischen Netz- und Umspannebenen am Beispiel der Netzebenen Mittelspannung und Umspannung Mittel- auf Niederspannung

Hinsichtlich der Maßgaben der Aufteilung fordert der Gesetzgeber eine strukturelle Gleichbehandlung (§ 14 Abs. 2 StromNEV): Egal ob Letztverbraucher, Weiterverteiler oder nachgelagerte Netz- bzw. Umspannebene – alle Entnahmen werden mit ihrer jeweiligen Jahreshöchstleistung und ihrem Gleichzeitigkeitsgrad bewertet (Kapitel 10.2) und auf diese Weise ihr Anteil an der Briefmarke (Kapitel 10.1) ermittelt. Ausnahmen bestehen nur bei der sogenannten gemeinsamen Netzebene zweier Netzbetreiber (sogenanntes Pancaking, Kapitel 11.12).

Die Kostenwälzung unter Benutzung des Gleichzeitigkeitsgrads hat zur Folge, dass Kalkulationsergebnisse vorgelagerter Ebenen sich auf die Kostenwälzung in nachgelagerte Ebenen auswirken. In der Praxis erfolgen alle Schritte gleichzeitig im Rahmen einer Tabellenkalkulation.

10 Kostenträgerrechnung

Eine Kostenträgerrechnung gibt Auskunft darüber, wofür im Unternehmen Kosten angefallen sind. Die Kosten werden dabei aus Sicht der Kunden bzw. der erzeugten Produkte und Dienstleistungen strukturiert. Die gesetzlichen Bestimmungen zur Kostenträgerrechnung finden sich im Teil 2, Abschnitt 3 der Stromnetzentgeltverordnung (§§ 15–21).

Im Kontext der Netzentgeltkalkulation bedeutet Kostenträgerrechnung eine Neuzuordnung von Anteilen der Erlösobergrenze (§ 21 Abs. 1 StromNEV). Korrekt wäre demnach „Erlösträgerrechnung". Der Begriff Kostenträgerrechnung ist insoweit irreführend. Er ist aber gebräuchlich und wird deshalb in diesem Buch verwendet.

Die vom Gesetzgeber vorgegebenen Kostenträger sind in der Tabelle 10-1 aufgeführt. Es handelt sich um die schon bekannten Netz- und Umspannebenen, jedoch nach Durchführung der Kostenwälzung aus der jeweils vorgelagerten Ebene. Die Kostenträger 1a und 2a werden bei Übertragungsnetzbetreibern benötigt, um die vom Gesetzgeber vorgesehene allmähliche deutschlandweite Vereinheitlichung der Übertragungsnetzentgelte umzusetzen.

Tabelle 10-1 Kostenträger gemäß der Anlage 3 der Stromnetzentgeltverordnung

Nr.	Kostenträger	Berücksichtigte Hauptkostenstellen
1	Höchstspannungsebene	Systemdienstleistungen, Höchstspannungsnetz
1a	Höchstspannungsebene	wie Nr. 1, aber alle Übertragungsnetzbetreiber gemeinsam
2	Umspannung Höchst- auf Hochspannung	Umspannung Höchst- auf Hochspannung und anteilig Höchstspannungsnetz
2a	Umspannung Höchst- auf Hochspannung	wie Nr. 2, aber alle Übertragungsnetzbetreiber gemeinsam
3	Hochspannungsebene	Hochspannungsnetz und anteilig Umspannung Höchst- auf Hochspannung
4	Umspannung Hoch- auf Mittelspannung	Umspannung Hoch- auf Mittelspannung und anteilig Hochspannungsnetz
5	Mittelspannungsebene	Mittelspannungsnetz und anteilig Umspannung Hoch- auf Mittelspannung
6	Umspannung Mittel- auf Niederspannung	Umspannung Mittel- auf Niederspannung und anteilig Mittelspannungsnetz
7	Niederspannungsebene	Niederspannungsnetz und anteilig Umspannung Mittel- auf Niederspannung

In jeder der Netz- und Umspannebenen sind im Folgenden für RLM-Kunden Arbeits- und Leistungspreise, differenziert nach Benutzungsdauer, zu bilden. Weitere Kostenträger sind der Messstellenbetrieb (differenziert nach Geräteart) und in der Niederspannung die Kundengruppe der SLP-Kunden. Letztere erhalten im Rahmen der Kostenträgerrechnung Arbeitspreise und gegebenenfalls Grundpreise.

Die Kostenträgerrechnung wird in den folgenden, auf einander aufbauenden Einzelschritten durchgeführt:

- Bildung der spezifischen Netzkosten je Ebene (Briefmarke)
- Festlegung der Gleichzeitigkeitsfunktion
- Berechnung der Arbeits- und Leistungspreise je Ebene für RLM-Kunden
- Ermittlung der Preise für SLP-Kunden in Niederspannung: zunächst optional Ermittlung des Grundpreises, dann Berechnung des Arbeitspreises

Daneben sind Netzentgelte in Sonderfällen zu ermitteln. Dies erfolgt nur teilweise innerhalb der Kostenträgerrechnung. Sonderfälle sind im Kapitel 11 behandelt. Abgeschlossen wird der Kalkulationsvorgang durch die Verprobungsrechnung (Kapitel 13).

10.1 Bildung der spezifischen Netzkosten je Ebene (Briefmarke)

Nach der Kostenwälzung liegen die Kosten (bzw. Erlösanteile) je Kostenträger vor. Die Kosten des Messstellenbetriebs wurden bereits auf einem eigenen Kostenträger separiert. Die Kostenträger der Netz- und Umspannebenen sind nun um die geplanten Erlöse bestimmter Sonderentgelte zu bereinigen, zum Beispiel aus singulär genutzten Betriebsmitteln (Kapitel 11.7), Blindstromentgelten (Kapitel 11.9) und Netzreservekapazität (Kapitel 11.10). Keine Bereinigung erfolgt hinsichtlich der atypischen Netznutzung (Kapitel 11.5) und stromintensiven Netznutzung (Kapitel 11.6).

Die verminderten Beträge werden anschließend durch die zeitgleiche Jahreshöchstleistung aller Entnahmen der Ebene geteilt (§ 16 Abs. 1 StromNEV). In der Regel wird hier der Nettowert, also ohne Netzverluste, verwendet, da sich auf diese Weise ein in sich stimmiges Rechenmodell ergibt.

Den so erhaltenen Quotienten in €/kW bezeichnet man auch als Briefmarke. Darin kommt zum Ausdruck, dass Netzentgelte entfernungsunabhängig sind. Die Netznutzung ist unabhängig von der Entfernung zwischen Einspeisung und Entnahme mit Bezahlung dieser Briefmarke abgegolten. Die Briefmarke ist die Grundlage für die

Netzentgelte aller Entnahmen aus der betreffenden Netz- bzw. Umspannebene dieses Netzbetreibers. Jeder Entnahme aus einer Netz- und Umspannebene wird ein Anteil dieser Briefmarke zugeordnet. Entnahmen gleicher Struktur tragen grundsätzlich den gleichen Anteil. Die Briefmarke sollte nicht mit dem Leistungspreis in €/kW verwechselt werden. Vielmehr berechnet der Netzbetreiber Leistungs- und Arbeitspreise mithilfe der Gleichzeitigkeitsfunktion aus der Briefmarke.

10.2 Festlegung der Gleichzeitigkeitsfunktion

Die Gleichzeitigkeitsfunktion wird verwendet, um die Briefmarke auf die Entnahmen der betreffenden Netz- und Umspannebenen „aufzuteilen", d. h. zu bestimmen, welcher Kunde welchen Anteil des Kostenträgers Netz- bzw. Umspannung übernimmt.

Wie bereits dargestellt, ist vor allem die Leistung der Entnahmen ein Kostentreiber für den Netzbetreiber. Deshalb sieht der Gesetzgeber vor, dass jeder Kunde entsprechend seiner Jahreshöchstleistung an den Netzkosten beteiligt wird (§ 14 Abs. 2 StromNEV). Jedoch wäre es falsch, die Jahreshöchstleistung des Kunden einfach mit der Briefmarke zu multiplizieren. In Summe über alle Entnahmen erhielte man so einen viel höheren Betrag als die Summe der Netzkosten.

Ursache ist die Durchmischung der Kunden: Grundsätzlich treten die Jahreshöchstleistungen der Kunden jeweils zu unterschiedlichen Zeitpunkten auf. Zum Zeitpunkt der Höchstlast der gesamten Netz- und Umspannebene erreichen die meisten Kunden mit ihrem Leistungsbezug nicht ihren jeweiligen Jahreshöchstwert. Anders formuliert: Die zeitgleiche Jahreshöchstleistung aller Entnahmen aus einer Netz- oder Umspannebene ist im Allgemeinen erheblich niedriger als die zeitungleiche Jahreshöchstleistung dieser Entnahmen (Kapitel 2.4).

Deshalb muss die Jahreshöchstleistung noch mit einem Reduktionsfaktor multipliziert werden, der die Durchmischung der Kunden berücksichtigt. Dieser Reduktionsfaktor ist der Gleichzeitigkeitsgrad g. Damit ergibt sich das Netzentgelt NNE_i eines Kunden i als Produkt aus Briefmarke B und Jahreshöchstleistung $P_{max\,i}$ sowie Gleichzeitigkeitsgrad g_i des Kunden:

$NNE_i = B \cdot P_{max\,i} \cdot g_i$

Zu unterscheiden ist zwischen dem realen und dem pauschalen Gleichzeitigkeitsgrad. Der reale Gleichzeitigkeitsgrad eines Kunden ist das Verhältnis seiner Bezugsleistung zum Zeitpunkt der Netzhöchstlast zu seiner Jahreshöchstleistung.

Bild 10-1 veranschaulicht den Sachverhalt. Zum Zeitpunkt der Netzhöchstlast hatte der betrachtete Kunde eine Leistung von 37 MW. Seine Jahreshöchstleistung betrug 47 MW. Damit hatte der Kunde einen realen Gleichzeitigkeitsgrad:

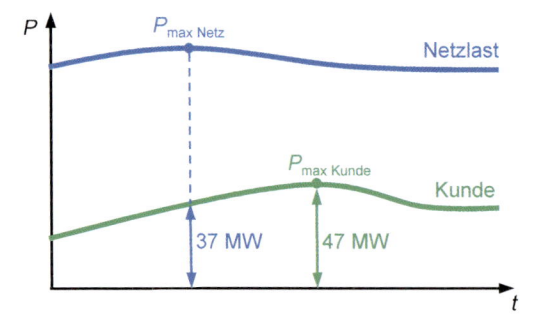

$g = 37\ \text{MW} / 47\ \text{MW} = 0{,}79.$

Bild 10-1 Beispiel für den realen Gleichzeitigkeitsgrad eines Kunden

Der reale Gleichzeitigkeitsgrad wird bei der Netzentgeltkalkulation aufgrund gravierender Nachteile nicht verwendet. Er ist erst im Nachhinein ermittelbar und wäre auch nur aufwändig zu prognostizieren. Vor allem jedoch wäre die Höhe der Netzentgelte von der Kundenleistung einer aus Kundenperspektive willkürlich festgelegten Viertelstunde abhängig. Das Netzentgelt würde deshalb von Jahr zu Jahr im Allgemeinen stark schwanken und wäre für den Kunden und seinen Stromlieferanten nicht planbar.

Deshalb hat der Gesetzgeber festgelegt, dass den Kunden Pauschalwerte für den Gleichzeitigkeitsgrad zugewiesen werden (Anl. 4 StromNEV). Im Folgenden wird dieser als pauschaler Gleichzeitigkeitsgrad bezeichnet. Der pauschale Gleichzeitigkeitsgrad gibt die Wahrscheinlichkeit dafür wieder, dass die individuelle Jahreshöchstleistung des Kunden zum Zeitpunkt der Netzhöchstleistung auftritt. Der pauschale Gleichzeitigkeitsgrad ist im Bild 10-2 dargestellt.

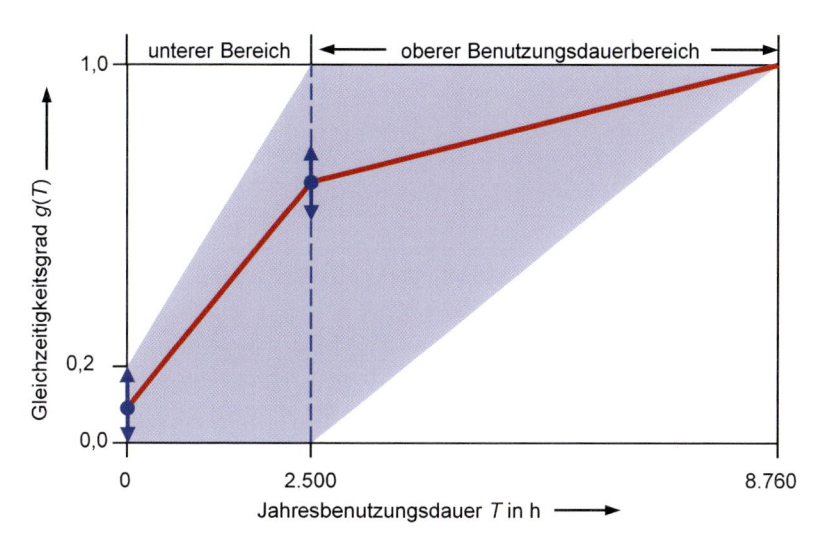

Bild 10-2 Beispiel für den pauschalen Gleichzeitigkeitsgrad gemäß Stromnetzentgeltverordnung

Der pauschale Gleichzeitigkeitsgrad ist abhängig von der Jahresbenutzungsdauer der Entnahme. Für einen Kunden mit einer völlig gleichmäßigen Entnahme (Bandlastkunde, Benutzungsdauer 8.760 h) bedeutet dies einen Gleichzeitigkeitsgrad von $g = 1$, denn der Kunde bezieht mit Sicherheit seine Jahreshöchstleistung auch zum Zeitpunkt der Höchstleistung seiner Netz- und Umspannebene. Bei einem Kunden mit nur sehr kurzzeitigem Strombezug (z. B. nur an einem Tag im Jahr, Benutzungsdauer nahe bei 0 h) ist die Wahrscheinlichkeit sehr niedrig, dass seine Jahreshöchstleistung in den Zeitpunkt der Höchstleistung seiner Netz- und Umspannebene fällt. Deshalb gilt für diesen Kunden $g = 0$. Mit steigender Benutzungsdauer steigt die Wahrscheinlichkeit, dass der Kunde mit seiner Höchstleistung an der Netzhöchstleistung partizipiert.

Gesetzlich vorgegeben sind der Startpunkt bei einem Achsenabschnitt von $g = 0$ bis 0,2, ein Knickpunkt bei $T = 2.500$ h und der Endwert $g = 1$ bei $T = 8.760$ h. Der hellblaue Bereich im Bild 10-2 markiert den möglichen Bereich der Geradenabschnitte.

Hinzu kommt noch das sogenannte Abgleichkriterium (Anlage 4 Nr. 2 StromNEV). Multipliziert man für jede Entnahme i aus einer Ebene die individuelle Jahreshöchstleitung $P_{max\ i}$ mit dem zugehörigen Gleichzeitigkeitsgrad g_i, so muss die daraus gebildete Summe gerade gleich der zeitgleichen Jahreshöchstlast $P_{max\ Netz}$ der Ebene sein:

$$P_{max\ Netz} = \Sigma\ P_{max\ i} \cdot g_i$$

Kostenträgerrechnung

Das Abgleichkriterium besagt somit, dass die Jahreshöchstleistung der Netz- bzw. Umspannebene vollständig aufzuteilen ist – aber eben auch nicht mehr oder weniger als diese Jahreshöchstleistung. Damit sind auch für jede Netz- und Umspannebene die prognostizierten Erlöse gleich den Anteilen der Erlösobergrenze entsprechend der Aufteilung auf die Kostenträger.

In der Praxis bedeutet dies, dass der Netzbetreiber in einem iterativen Vorgehen den vorgenannten Achsenabschnitt und den Knickpunkt wählt und die Einhaltung des Abgleichkriteriums prüft. Grundsätzlich gibt es für die Festlegung der Gleichzeitigkeitsfunktion viele Lösungen, denn es verbleibt ein Freiheitsgrad: Beispielsweise kann der Netzbetreiber von einer bereits gefundenen Lösung ausgehen und den Achsenabschnitt senken. Das Abgleichkriterium führt dann dazu, dass der Knickpunkt im Diagramm um einen bestimmten Betrag angehoben werden muss.

Zum Abgleich müssen nicht alle Kundendaten einzeln in die Kalkulation einfließen. Für die Masse der SLP-Kunden benötigt man im Rahmen des Abgleichs ohnehin nur eine Summenganglinie (bei mehreren Arbeitspreisen im Preisblatt entsprechend mehrere Summenganglinien). Aber auch die RLM-Kunden können zusammengefasst werden: Berücksichtigt man, dass der Gleichzeitigkeitsgrad durch die Geradengleichung

$$g(T) = g(0\ h) + m \cdot T = g(0\ h) + m \cdot W / P_{max}$$

mit $g(0\ h)$ als Achsenabschnitt und m als Steigung beschrieben werden kann, lässt sich das Abgleichkriterium auch folgendermaßen darstellen:

$$P_{max\ Netz} = g(0\ h) \cdot \Sigma P_{max\ i} + m \cdot \Sigma W_i$$

Im Rahmen des Abgleichs reichen also Summenwerte für Arbeit und zeitungleiche Jahreshöchstleistung der Entnahmen je Netz- und Umspannebene. Da es jeweils zwei Geradenabschnitte $g_1(T)$ und $g_2(T)$ gibt, benötigt man Teilsummen für Entnahmen unterhalb und oberhalb von 2.500 Benutzungsstunden.

Grundsätzlich kann man die gewählte Gleichzeitigkeitsfunktion historischen Daten für den realen Gleichzeitigkeitsgrad gegenüberstellen. Im Bild 10-2 wäre der reale Gleichzeitigkeitsgrad dann ein Punktwolke, bei der jeder Punkt einen Kunden repräsentiert. Es ist jedoch nicht erforderlich, dass die Geraden die Punktwolke möglichst gut annähern. Betrachtet man das Abgleichkriterium, dann ist das auch nicht sinnvoll, denn die Kunden haben nicht das gleiche Gewicht. Gibt es dominierende Entnahmen, so bestimmen diese weitgehend den Verlauf der Gleichzeitigkeitsfunktion.

10.3 Berechnung der Arbeits- und Leistungspreise je Ebene für RLM-Kunden

Durch die Ermittlung der Briefmarke und der Parameter für den Gleichzeitigkeitsgrad ist das Netzentgelt für jeden RLM-Kunden eindeutig festgelegt. Es ließe sich ermitteln, indem man aus Jahresenergiemenge und Jahreshöchstleistung des RLM-Kunden seine Benutzungsdauer berechnet, den zugehörigen Wert des Gleichzeitigkeitsgrads ermittelt und anschließend Briefmarke, Jahreshöchstleistung und Gleichzeitigkeitsgrad multipliziert (Kapitel 10.2). Das ist jedoch wenig anschaulich und auch etwas umständlich.

Der Gesetzgeber hat deshalb vorgeschrieben, dass Briefmarke und Gleichzeitigkeitsgrad in ein System aus Jahresleistungspreis und Arbeitspreis überführt werden (§ 17 Abs. 3–5 StromNEV). Der Gleichzeitigkeitsgrad ist eine Gerade mit dem Achsenabschnitt $g(0\,h)$ und der Steigung m:

$$g(T) = g(0\,h) + m \cdot T$$

Daraus und aus der Briefmarke B berechnet sich der Leistungspreis zu

$$LP = B \cdot g(0\,h)$$

und der Arbeitspreis zu

$$AP = B \cdot m$$

Beim Arbeitspreis ist auf die Einheiten zu achten. Er ergibt sich in €/kWh und muss für die üblichen Angaben auf dem Preisblatt in ct/kWh noch mit dem Faktor 100 multipliziert werden.

Diese Formeln sind für die Benutzungsdauerbereiche oberhalb und unterhalb von 2.500 h separat anzuwenden. Da man zum Abgleich den Achsenabschnitt $g_1(0\,h)$ und die Gleichzeitigkeit $g(2.500\,h)$ für den Knickpunkt vorgibt, ist es hilfreich, die Parameter der Gleichzeitigkeitsfunktionen $g_1(T)$ und $g_2(T)$ abhängig von diesen Vorgaben darzustellen. Es sind:

$$m_1 = \frac{g(2.500\,h) - g_1(0\,h)}{2.500\,h}$$

$$m_2 = \frac{1 - g(2.500\,h)}{8.760\,h - 2.500\,h}$$

$$g(0\,h) = 1 - m \cdot 8.760\,h$$

Für hohe Benutzungsdauern ergeben sich höhere Leistungspreise und niedrigere Arbeitspreise als im unteren Benutzungsdauerbereich. In Anlehnung an den Geradenverlauf wird das „untere" Preissystem auch als steil und das „obere" Preissystem als flach bezeichnet. Ferner ist zu beobachten, dass aufgrund der Höhe der Briefmarken in höheren Netz- und Umspannebenen tendenziell niedrigere Preise bestehen als in den unteren Ebenen.

Aus den Berechnungsformeln ergibt sich auch, dass Arbeits- und Leistungspreise in Extremfällen auch null werden können: Wählt man für kleine Benutzungsdauern einen Achsenabschnitt von $g_1(0\text{ h}) = 0$, so entfällt für diese Kunden der Leistungspreis. Verläuft einer der Geradenabschnitte waagerecht, so entfällt für die betreffenden Kunden der Arbeitspreis. In der Praxis findet man solche Fälle eher selten. Preissysteme mit einzelnen sehr kleinen Arbeits- oder Leistungspreisen sind jedoch öfter anzutreffen.

Die Berechnung wird am folgenden Beispiel veranschaulicht. Das Bild 10-3 stellt die Geraden des Gleichzeitigkeitsgrads für die Netz- oder Umspannebene eines Netzbetreibers dar.

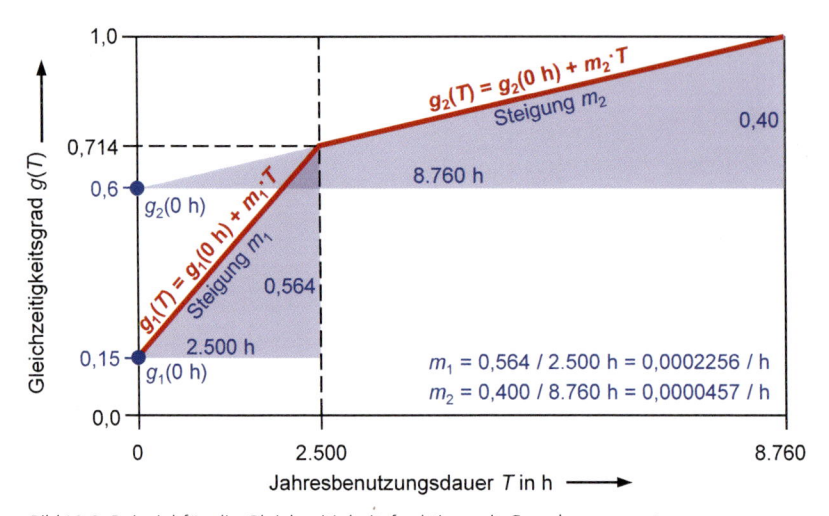

Bild 10-3 Beispiel für die Gleichzeitigkeitsfunktion mit Geradenparametern

Für den Benutzungsdauerzeitbereich oberhalb von 2.500 h lautet die Geradengleichung

$$g_2(T) = 0{,}60 + 0{,}40 / (8760\text{ h}) \cdot T = 0{,}60 + 0{,}0000457 / \text{h} \cdot T$$

Daraus ergeben sich mit einer Briefmarke in Höhe von 100 €/kW der Leistungspreis

LP_2 = 100 €/kW · 0,60 = 60 €/kW

und der Arbeitspreis

AP_2 = 100 €/kW · 0,0000457 / h = 0,00457 €/kWh = 0,457 ct/kWh

Die Berechnung für den unteren Benutzungsdauerzeitbereich erfolgt analog.

10.4 Berechnung der Netzentgelte für SLP-Kunden in Niederspannung

Das Arbeits- und Leistungspreissystem kann für SLP-Kunden in der Niederspannung nicht verwendet werden, weil deren Jahreshöchstleistung nicht gemessen wird.

Der Gesetzgeber sieht für diese Kundengruppe einen Arbeitspreis und gegebenenfalls einen Grundpreis vor (§ 17 Abs. 6 StromNEV). Ob auch ein Grundpreis berechnet wird, liegt im Ermessen des Netzbetreibers. Sollte der Netzbetreiber einen Grundpreis ermitteln, müssen Grundpreis und Arbeitspreis in einem angemessenen Verhältnis zueinander zu stehen. Außerdem hat das Netzentgelt in einem angemessenen Verhältnis zu dem Entgelt zu stehen, das sich aus dem RLM-Preissystem ergeben würde, wenn man für den SLP-Kunden die Jahreshöchstleitung aus einem Standardlastprofil zugrunde legt.

Was in diesem Zusammenhang „angemessen" ist, wird vom Gesetzgeber und den Regulierungsbehörden nicht weiter ausgeführt. Besonders ins Gewicht fällt, dass die Jahreshöchstleistung dieser Kunden gerade nicht bekannt ist und das Standardlastprofil wiederum eine nur schwer verifizierbare Schätzung ist.

Zunächst muss der Netzbetreiber den Kosten- bzw. Erlösobergrenzenanteil ermitteln, der auf die SLP-Kunden entfällt. Es handelt sich gerade um den Anteil, der im Niederspannungsnetz nicht durch RLM-Kunden gedeckt wird. Dazu verwendet man aus dem Mengengerüst die Jahresabgabemenge und die (geschätzte) Jahreshöchstleistung dieser Kundengruppe, wählt entsprechend der Benutzungsdauer das korrekte Preissystem (im Regelfall unterhalb von 2.500 h) und berechnet mithilfe von Arbeits- und Leistungspreis das Netzentgelt in Euro.

Im einfachsten Fall wird der erhaltene Betrag danach durch die prognostizierte Arbeitsmenge geteilt, um den Arbeitspreis zu bestimmen. Soll auch ein Grundpreis kalkuliert werden, so ist in einer Nebenbetrachtung ein angemessener Grundpreis im Sinne der vorgenannten Anforderungen zu ermitteln. Nach Multiplikation mit der prognostizierten Anzahl der SLP-Kunden erhält man einen Erlösblock, den man vom gesamten Erlösobergrenzenanteil der SLP-Kunden abzieht. Erst dann wird der Arbeitspreis wie beschrieben kalkuliert.

10.5 Kalkulation der Entgelte für Messstellenbetrieb

Die Kalkulation der Entgelte für den Messstellenbetrieb ist stark gerätebezogen. Es gilt aber auch unterschiedliche Dienstleistungen zu bepreisen. Zu beachten ist, dass der Messstellenbetrieb auch die Messung enthält, also den für die betrachtete Kundengruppe im Regelbetrieb üblichen Umfang der Erhebung, Aufbereitung und Weiterleitung der Messwerte. Bei RLM-Kunden ist das die tägliche Auslesung und bei SLP-Kunden die jährliche Turnusablesung (§ 17 Abs. 7 StromNEV).

Eine Differenzierung der Entgelte nach Netz- und Umspannebene ist nicht üblich: Ein RLM-Kunde, der in der Umspannung Hoch- zu Mittelspannung angeschlossen ist, hat am Anschluss die gleiche Betriebsspannung wie ein Mittelspannungskunde. Damit unterscheiden sich seine Messeinrichtungen technisch nicht von denen des Mittelspannungskunden, was gleiche Preise rechtfertigt.

Unterschiede gibt es allerdings zwischen den Preisen der unterschiedlichen Netzebenen. Sie resultieren bei RLM-Kunden aus den technisch erforderlichen Zusatzeinrichtungen, insbesondere der Messwandler. Deshalb unterscheiden die Preise auch danach, ob der Messwandler evtl. vom Kunden gestellt wird. Zudem bedingt die bei RLM-Kunden erforderliche Datenfernübertragung eine Preisdifferenzierung, abhängig von der einsetzbaren Fernübertragungstechnik (z. B. leitungsgebundener Telekommunikationsanschluss oder Funkverbindung).

Bei SLP-Kunden ist zwischen verschiedenen Zählertypen (z. B. Eintarif- und Zweitarifzähler) zu differenzieren. Kunden mit bestimmten Anwendungen benötigen auch Zusatzgeräte, z. B. Schaltgeräte für Speicherheizungen oder Wärmepumpen.

Üblicherweise differenziert der Netzbetreiber das Entgelt für SLP-Kunden auch nach jährlicher, halbjährlicher, quartalsbezogener und monatlicher Ablesung. Hintergrund ist eine gesetzliche Verpflichtung der Stromlieferanten, ihre Kunden auf Wunsch in dem vorgenannten Turnus abzurechnen (§ 40 Abs. 3 EnWG). Die Preise können durch entsprechende Vervielfachung des Entgelts für Messstellenbetrieb mit jährlicher Ablesung ermittelt werden. Sie enthalten keine unterjährige Netznutzungsabrechnung zwischen Netzbetreiber und Lieferant. Aufgrund der Kosten wird der Messstellenbetrieb mit unterjähriger Messung vom Letztverbraucher nur ausnahmsweise nachgefragt.

Auch weitere Entgelte können erhoben werden, beispielsweise für eine Sonderablesung außerhalb des Ableseturnus. Seltener findet man Entgelte für die Sonderabrechnung oder den Zählerumbau auf Kundenwunsch oder die Bereitstellung historischer Messwerte. Entscheidet sich der Netzbetreiber für die Einführung solcher Entgelte, so empfiehlt sich eine Prüfung, inwieweit die Leistungen über die gesetzlichen Mindestanforderungen an Netzbetreiber hinausgehen. Ist das der Fall, so können die betreffenden Kosten und Erlöse außerhalb des Netzbereichs gebucht werden und unterliegen dann nicht der Erlösobergrenze.

Bei der Kalkulation besteht die Schwierigkeit, dass die Kosten beim Netzbetreiber im Regelfall nicht gerätetyp- oder produktbezogen vorliegen. Die Kalkulation erfolgt deshalb oftmals iterativ und unter Zuhilfenahme von Äquivalenzziffern. Ein Beispiel für die Anwendung des Äquivalenzzifferverfahrens ist in der Tabelle 10-2 dargestellt.

Tabelle 10-2 Beispiel für die Anwendung des Äquivalenzzifferverfahrens zur Aufteilung der Erlösobergrenze auf die Produkte des Messwesens

Produkt	Musterpreis	Menge	Musterpreis · Menge		Erlösanteil	Preis
	€/Stück	Stück	€	relativ	€	€/Stück
A	10,00	15.000	150.000	88,24 %	132.360	8,82
B	20,00	900	18.000	10,59 %	15.885	17,65
C	100,00	15	1.500	0,88 %	1.320	88,00
D	500,00	1	500	0,29 %	435	435,00
Summe			170.000	100,00 %	150.000	–

Wesentliches Merkmal des Verfahrens ist die Festlegung von Musterpreisen für die einzelnen Produkte und Dienstleistungen, z. B. auf Grundlage einer Marktpreisanalyse. Anhand der prognostizierten Mengen leitet man daraus einen produktbezogenen Schlüssel ab, der zur Aufteilung der Erlösobergrenze verwendet wird. Anschließend erhält man die Preise durch einfache Division der Erlösanteile durch die zugehörigen Mengen.

11 Sonderentgelte und Spezialfälle

11.1 Übersicht

Netzentgelte müssen unterschiedlichen Anforderungen genügen, die einander teilweise widersprechen. Einerseits sollen Netzentgelte verursachungsorientiert, andererseits transparent und praktikabel sein. Die Anforderung der Praktikabilität erfordert eine gewisse Einfachheit in der Entgeltstruktur und Pauschalisierung bei der Kalkulation. Für Kunden mit besonderem Entnahmeverhalten kann dies zu unangemessen hohen Netzentgelten führen. Dies ist der wesentliche Grund für die Bildung von Sonderentgelten. Diese Entgelte sind im Regelfall niedriger als die regulären Netzentgelte. Die Tabelle 11-1 gibt einen Überblick.

Diese Sonderformen unterscheiden sich teilweise hinsichtlich der folgenden Kriterien:

- Ort der Regelung: Einige Sonderformen der Netznutzung enthält der gleichnamige § 19 Stromnetzentgeltverordnung. Andere Sonderformen werden in anderen Paragraphen der StromNEV oder auch anderen Gesetzen und Verordnungen beschrieben. Teilweise existieren auch konkretisierende Festlegungen oder unverbindliche Umsetzungshinweise der Regulierungsbehörden bzw. der stromwirtschaftlichen Verbände.
- Pflicht- vs. Optionalregelung: Viele Sonderformen muss der Netzbetreiber anbieten, zumindest, wenn bestimmte Voraussetzungen in seinem Netz vorliegen. Andere erfordern Anträge der Kunden oder sind Kann-Regelungen.
- Sondervereinbarung: Manche Sonderformen der Netznutzung erfordern eine Sondervereinbarung zwischen Netzbetreiber und Netznutzer. Diese ist dann eventuell auch der Regulierungsbehörde zu übermitteln.
- Grad der Pauschalierung: Im Regelfall werden Pauschalregelungen getroffen hinsichtlich neuer Entgelte oder besonderer Formen der Abrechnung. Manche Sonderformen, insbesondere die stromintensive und die singuläre Netznutzung, erfordern eine kundenindividuelle Netzentgeltkalkulation.
- Veröffentlichungspflicht: Teilweise sind Netzentgelte zu veröffentlichen, wenn die Voraussetzungen im Netz vorliegen oder solche Netzentgelte abgerechnet werden. Eine Veröffentlichungspflicht kann sich auch auf eine Liste betroffener Kunden beziehen. Eine solche Veröffentlichung erfolgt dann üblicherweise nicht namentlich, sondern mittels kundenindividueller Kennziffern wie der Marktlokations-Identifikationsnummer.
- Berücksichtigung im Rahmen der Kalkulation regulärer Netzentgelte

Tabelle 11-1 Überblick über Sonderformen der Netznutzung

Stichwort	Voraussetzung	Beispiele	Sonderentgelt
steuerbar	Netzbetreiber kann Höhe des Verbrauchs beeinflussen	Speicherheizung, Elektromobile	reduziertes Netzentgelt
Gemeinderabatt	Stromentnahme durch den Konzessionsgeber	städtisches Gebäude	reduziertes Netzentgelt in Niederspannung
Monatsleitungspreis	zeitlich begrenzter hoher Leistungsbedarf	Jahrmarkt, Zuckerrübenfabrik	Anwendung Monats- statt Jahresleistungspreis
atypische Netznutzung	Kundenhöchstlast fällt nicht mit Netzlast zusammen	Bäckerei	reduzierte Abrechnungsleistung
stromintensive Netznutzung	Großverbraucher mit annähernd Bandlast	Chemieindustrie	individuelle Kalkulation
singuläre Netznutzung	Kunde nutzt Teilnetze ausschließlich selbst	Anschluss an Stichleitung zum Transformator des Netzbetreibers	individuelle Kalkulation für die singulär genutzten Betriebsmittel
Stromspeicher	Kunde speichert Strom und speist zurück ins Netz	Pumpspeicherkraftwerk	kein Arbeitsentgelt, modifiziertes Leistungsentgelt
Blindstrom	Kunde bezieht viel Blindstrom	Elektromotoren	separates Entgelt
Netzreservekapazität	Kunde hat eigene Erzeugung im Kundennetz	Industriebetrieb	Entgelt für Netzreservekapazität
Pooling	Kunde mit mehreren, kundenseitig verbundenen Anschlüssen	Industriebetrieb	reduzierte Abrechnungsleistung
Pancaking	gemeinsame Netzebene zweier Netzbetreiber	nachgelagerter Netzbetreiber im MS-Netz	reduziertes Netzentgelt (individuelle Ermittlung)
dezentrale Einspeisung	Stromeinspeisung in das Verteilnetz	Blockheizkraftwerk	Zahlung Netzbetreiber an Einspeiser

Die meisten Sonderformen der Netznutzung bedeuten Mindererlöse im Vergleich zu einer regulären Abrechnung der Netznutzung. Im Einzelfall, z. B. bei Blindarbeitsentgelten kommt es auch zu Mehrerlösen. Grundsätzlich muss die Kalkulation von Sonderentgelten so in die Netzentgeltkalkulation integriert werden, dass der Netzbetreiber in Summe über alle Kunden nicht mehr oder weniger erlöst als ohne Vorhandensein der Sonderformen. Mindererlöse durch Sonderformen der Netznutzung werden so grundsätzlich durch Mehrerlöse, also höhere Preise bei der regulären Netznutzung, ausgeglichen.

Diesbezüglich gibt es jedoch zwei wichtige Sonderfälle: den Ausgleich durch eine bundesweite Umlage und bei den Entgelten für dezentrale Einspeisung den Ausgleich auf Kostenebene.

Einen Ausgleich durch die Umlage nach § 19 Abs. 2 StromNEV hat der Gesetzgeber bei der atypischen und der stromintensiven Netznutzung vorgesehen. Jeder Netzbetreiber stellt seinen Kunden diese bundesweit einheitliche Umlage in Rechnung. Die betreffenden Erlöse leitet der Netzbetreiber direkt an seinen vorgelagerten Übertragungsnetzbetreiber weiter. Die Übertragungsnetzbetreiber finanzieren daraus Zahlungen an die von atypischer oder stromintensiver Netznutzung betroffenen Netzbetreiber.

Die betroffenen Netzbetreiber übermitteln den Übertragungsnetzbetreibern zum 15. Oktober des Vorjahres Schätzwerte der erwarteten Mindererlöse. Diese sind Grundlage für Abschlagszahlungen der Übertragungsnetzbetreiber an die betroffenen Netzbetreiber im Lieferjahr. Im Jahr nach dem Lieferjahr ermitteln die betroffenen Netzbetreiber ihre tatsächlichen Mindereinnahmen bis zum 30. Juni. Prognosefehler werden bis zum 30. Juni des darauffolgenden Jahres ausgeglichen.

Bei der Kalkulation der regulären Netzentgelte ist zu beachten, dass die von atypischer oder stromintensiver Netznutzung betroffenen Kunden die gesamte Kalkulation ohne die Einstufung als Sondernutzer durchlaufen. Die hieraus entstehenden Mindererlöse des Netzbetreibers werden durch die vorgenannten Zahlungen des Übertragungsnetzbetreibers ausgeglichen.

Auch bei den Entgelten für dezentrale Einspeisung nach § 18 StromNEV erfolgt kein Ausgleich der Sondernutzung im Rahmen der Kostenträgerrechnung, sondern bereits bei der Anpassung der Erlösobergrenze. Diese Entgelte bewirken beim Netzbetreiber keine Erlöse, sondern Kosten, da sie vom Netzbetreiber an dezentrale Einspeiser zu entrichten sind. Die betreffenden Kosten sind dauerhaft nicht beeinflussbar und damit jährlich bei der Anpassung der Erlösobergrenze zu berücksichtigen (Kapitel 6).

Von den vorgenannten Sonderentgelten zu unterscheiden sind Entgelte des Netzbetreibers, die nicht zum Netzzugang gehören, sondern zusätzliche Dienstleistungen umfassen. Beispielsweise betreiben viele Stromnetzbetreiber auch Anlagen der Straßenbeleuchtung. Oder sie erbringen Leistungen für Kunden in deren Kundenanlagen, z. B. die Instandhaltung von Transformatoren. Der Netzbetreiber steht hier grundsätzlich im Wettbewerb zu anderen Anbietern. Die Leistungen unterliegen deshalb nicht der Netzregulierung. Damit ist der Netzbetreiber auch frei in der Preisgestaltung. Vielfach werden solche Leistungen buchhalterisch nicht im Netzbereich erfasst. Dann sind die betreffenden Kosten keine „Netzkosten" und tauchen schon in der Kostenartenrechnung nicht auf.

11.2 Steuerbare Verbraucher

Wenn ein Kunde es zulässt, dass der Netzbetreiber die Höhe des aktuellen Verbrauchs beeinflusst, kann der Netzbetreiber in gewissen Grenzen dafür Sorge tragen, dass der Kunde in den auslegungsrelevanten Hochlastzeiten keine oder weniger Leistung bezieht. Dieses netzdienliche Verhalten rechtfertigt ein reduziertes Netzentgelt, denn die Jahreshöchstleistung des Kunden ist entweder für die Netzhöchstlast irrelevant (weil zeitungleich) oder sie wurde vom Netzbetreiber bewusst abgesenkt. Das Prinzip wird im Bild 11-1 veranschaulicht.

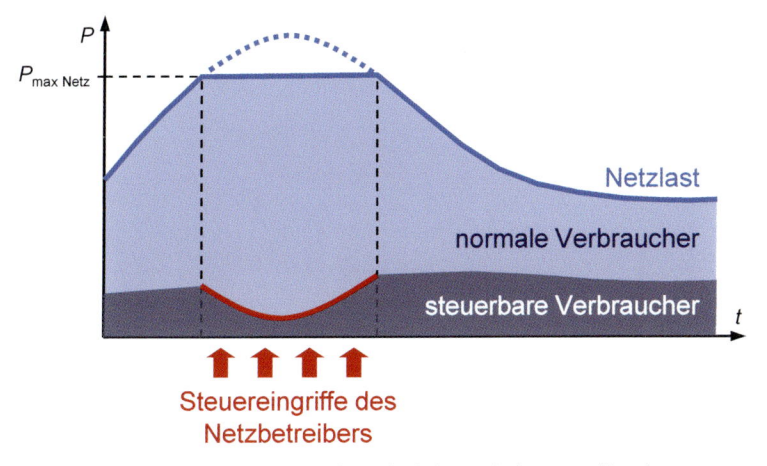

Bild 11-1 Prinzip des steuerbaren Verbrauchs (schematische Darstellung)

Die gesetzlichen Vorgaben befinden sich in § 14a EnWG: Wenn der Netzbetreiber mit einem Lieferanten oder Letztverbraucher eine netzdienliche Steuerung von steuerbaren Verbrauchern vereinbart, erhält der Lieferant bzw. Letztverbraucher ein reduziertes Netzentgelt. Die Regelung gilt nur in Niederspannung. Erfasst werden auch Ladevorgänge von Elektromobilen. Die steuerbaren Verbraucher müssen über separate Messeinrichtungen verfügen. Näheres kann in einer Rechtsverordnung geregelt werden, die bislang aber noch nicht erlassen wurde.

Netzbetreiber sind nicht verpflichtet, solche Regelungen anzubieten. Sie existieren aber in vielen Netzen. Sofern der Netzbetreiber Regelungen für steuerbaren Verbrauch anbietet, muss er die reduzierten Preise festlegen und veröffentlichen.

Derzeit fallen unter die Regelung insbesondere Sonderabkommen des Netzbetreibers mit Kunden, die Speicherheizungen oder Wärmepumpen betreiben. Solche Abkommen gab es schon vor der Einführung der Gesetzesregelung. Die Verbraucher können durch den Netzbetreiber ein- oder ausgeschaltet werden. Der Netzbetreiber schaltet diese Verbraucher in Gruppen und kann so Einfluss auf die gesamte Entnahme in der Niederspannung nehmen. Im Gegenzug kalkuliert der Netzbetreiber einen reduzierten Arbeitspreis.

Die Kalkulation erfolgt im Rahmen der Netzentgeltkalkulation für SLP-Kunden (Kapitel 10.4). Die Entnahmemengen dieser Kundengruppe müssen separat prognostiziert werden (Kapitel 8.1). Zur Höhe der Preise bestehen keine gesetzlichen Vorgaben außer dem allgemeinen Gebot der Angemessenheit. Das reduzierte Netzentgelt muss hinreichend niedrig sein, um den Kunden einen Anreiz zum Abschluss eines Sonderabkommens zu geben. Manche Netzbetreiber differenzieren ihre Preise nach Speicherheizungen und Wärmepumpen.

11.3 Gemeinderabatt

Netzbetreiber schließen mit den Gemeinden, in deren Straßen sie Leitungen verlegen, Konzessionsverträge. Mögliche Inhalte dieser Verträge regelt die Konzessionsabgabenverordnung (KAV). Wesentliche Gegenleistung für die Wegenutzung ist die Zahlung der Konzessionsabgabe. Daneben sind andere Leistungen zulässig, darunter der Gemeinderabatt (§ 3 Abs. 1 Nr. 1 KAV). Darunter versteht der Gesetzgeber Preisnachlässe für den Eigenverbrauch der Gemeinde in Höhe von bis zu zehn Prozent des Netzentgelts. Der Gemeinderabatt gilt nur für Entnahmen in Niederspannung und muss auf der Rechnung ausgewiesen werden. Sehr viele Konzessionsverträge enthalten Regelungen zum Gemeinderabatt.

Manche Regelungen des Gemeinderabatts sind interpretationsbedürftig. Beispielsweise ist zu entscheiden, ob die Gesetzesregelung auch Entnahmen aus der Umspannung Mittel- zu Niederspannung erfasst. Zudem können Abgrenzungsschwierigkeiten hinsichtlich des Begriffs „Eigenverbrauch der Gemeinde" bestehen. Beispiele hierfür sind Tochterunternehmen der Gemeinde, Strombezug Dritter innerhalb der Liegenschaften, Energie-Contracting oder von einer Gemeinde angemietete Gebäude.

Auch bezüglich des Rabattumfangs können Unsicherheiten bestehen. Die Bundesnetzagentur vertritt die Auffassung, dass der Rabatt nur auf das Netzentgelt im engeren Sinne zu gewähren ist, nicht jedoch auf das Entgelt für den Messstellenbetrieb. Unstreitig ist, dass die vom Netzbetreiber gemeinsam mit den Netzentgelten erhobenen gesetzlichen Umlagen nicht rabattfähig sind.

Bei der Netzentgeltkalkulation sind die rabattierten Preise für die betreffenden Entnahmestellen der Gemeinde zu bestimmen. Dazu gibt es verschiedene Vorgehensweisen (Kalkulation Rabatte oder reduzierte Preise), die sich unterschiedlich auf die anschließende Verprobung auswirken. Die Mengen muss der Netzbetreiber im Rahmen der Mengenprognose separat erfassen.

Ein Ausweis des Gemeinderabatts auf dem Preisblatt ist nicht verpflichtend und auch nicht üblich. In der Praxis handelt es sich ganz überwiegend um SLP-Entnahmestellen.

11.4 Monatsleistungspreise

Bei RLM-Kunden ist die Abrechnung der Jahreshöchstleistung mittels eines Jahresleistungspreises üblich. Aus Sicht des Netzbetreibers ist es unerheblich, welche Leistung der Kunde in den anderen Stunden des Jahres bezieht. Er muss die Jahreshöchstleistung im Netz vorhalten und sein Netz entsprechend aufbauen. Kunden, die nur kurzzeitig einen hohen Leistungsbedarf haben, empfinden die Entrichtung des „vollen" Jahresleistungspreises als besondere Härte. Deshalb hat der Gesetzgeber auch eine Regelung zu Monatsleistungspreisen eingeführt.

Klassische Anwendungsfälle der Regelung sind Saisonbetriebe wie Baustellen und Jahrmärkte. Auch Neuanschlüsse, die am Jahresende in Betrieb genommen werden, können von der Regelung profitieren. Ein typischer Jahreslastgang zur Abrechnung durch den Monatspreis ist im Bild 11-2 dargestellt.

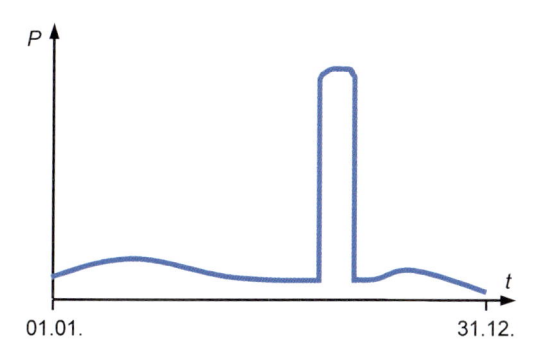

Bild 11-2
Beispiel für einen Jahreslastgang, für den eine Abrechnung nach Monatsleistungspreisen vorteilhaft ist

In § 19 Abs. 1 StromNEV ist geregelt, dass der Netzbetreiber Letztverbrauchern mit einer zeitlich begrenzten hohen Leistungsaufnahme, der in der übrigen Zeit eine deutlich geringere oder keine Leistungsaufnahme gegenübersteht, eine Abrechnung auf der Grundlage von Monatsleistungspreisen anzubieten hat.

Zur Höhe des Monatsleistungspreises gibt es keine spezifischen gesetzlichen Vorgaben. Er muss, wie alle anderen Netzentgelte auch, angemessen sein. Viele Netzbetreiber teilen den Jahresleistungspreis einfach durch den Faktor 6.

Monatsleistungspreise fallen unter die allgemeinen Netzentgelte und sind damit zu veröffentlichen. Mit der Veröffentlichung kommt der Netzbetreiber auch seiner Pflicht zum Angebot an den Letztverbraucher nach. Sofern der Letztverbraucher das Angebot annehmen will, muss er oder sein Stromlieferant dies dem Netzbetreiber mitteilen.

Für die meisten Netzbetreiber ist die wirtschaftliche Bedeutung des Monatsleistungspreises vernachlässigbar. Deshalb ist es in der Regel vertretbar, für diese Kundengruppe im Rahmen der Mengenprognose eine Nullmenge anzusetzen. Etwaige Mindererlöse durch den Monatsleistungspreis würden dann im Jahr nach dem Lieferjahr über das Regulierungskonto erfasst und ausgeglichen werden.

Seit 2020 dürfen Netzbetreiber im Bereich von Seehäfen neben Monatsleistungspreisen auch Tagesleistungspreise anbieten. Dies soll die landseitige Stromversorgung von Seeschiffen verbessern. Die Regelung gilt für Anschlüsse in Mittelspannung und höhere Ebenen. Der Kunde muss sich bereit erklären, den Strombezug binnen einer Viertelstunde auf Anforderung zu unterbrechen.

11.5 Atypische Netznutzung

Mit atypischer Netznutzung werden Verbrauchsfälle bezeichnet, bei denen der Kunde zum Zeitpunkt der Jahreshöchstleistung des Netzes vorhersehbar eine deutlich niedrigere Leistung als seine Jahreshöchstleistung hat. Für solche Kunden wäre eine Einbeziehung in die pauschale Preiskalkulation sachwidrig.

Die gesetzlichen Bestimmungen hierzu sind recht allgemein gehalten. Nach § 9 Abs. 2 StromNEV bietet der Netzbetreiber betroffenen Kunden ein individuelles Netzentgelt an, das jedoch mindestens 20 Prozent des regulären Entgelts betragen muss. Es ist eine individuelle Vereinbarung zu schließen, die vom Letztverbraucher der Bundesnetzagentur vorzulegen ist. Diese kann die individuellen Netzentgelte prüfen und, sofern ungerechtfertigt, untersagen. Verhält sich der Kunde im Lieferjahr nicht hinreichend atypisch, so ist das normale Netzentgelt abzurechnen.

Die Einzelheiten zur atypischen Netznutzung hat die Bundesnetzagentur für alle Netzbetreiber verbindlich festgelegt (BNetzA 2013). Sie definiert als Abwicklungsgrundlage sogenannte Hochlastzeitfenster. Hochlastzeiten (HLZ) sind Zeiten mit einer grundsätzlich hohen Netzauslastung. Die Jahreshöchstlast der Netz- bzw. Umspannebene fällt mit hoher Wahrscheinlichkeit in das Zeitfenster. Alle anderen Zeiten sind sogenannte Nebenzeiten.

Jeder Netzbetreiber legt jährlich für jede Netz- und Umspannebene separat die Hochlastzeitfenster fest und veröffentlicht sie zum 31.10. für das Folgejahr. Datengrundlage sind historische Lastgänge der Entnahme aus den einzelnen Netz- und Umspannebenen.

Jeder Jahreslastgang wird aufgeteilt in Abschnitte der vier Jahreszeiten. Außerdem werden nur Werktage betrachtet; Wochenenden und Feiertage sind Nebenzeiten. Dann wird für jede Jahreszeit jeweils eine Maximalwertkurve des Tages festgelegt, indem aus allen Tageslastgängen für jede Uhrzeit der höchste Leistungswert übernommen wird. Das weitere Vorgehen ist im Bild 11-3 veranschaulicht.

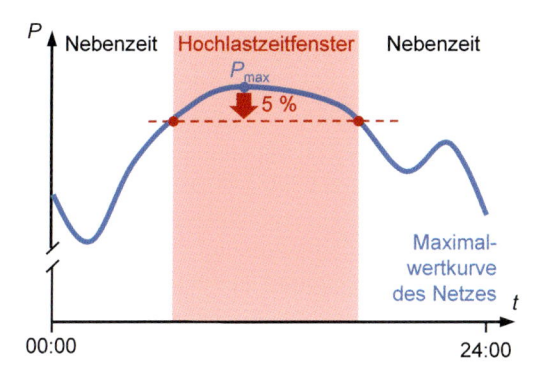

Bild 11-3 Beispiel für die Festlegung des Hochlastzeitfensters für atypische Netznutzung (schematisch)

Aus den Tageslastgängen der vier Jahreszeiten wird die Jahreshöchstleistung bestimmt. Sie wird einheitlich für alle Jahreszeiten verwendet. Danach werden die Tageszeiten bestimmt, in denen die Maximalwertkurven 95 % der Jahreshöchstleitung überschreiten. Das sind die Hochlastzeitfenster. Es kann vorkommen, dass für manche Jahreszeiten mehrere Hochlastzeitfenster bestehen oder auch kein Hochlastzeitfenster ermittelt wird. Der Netzbetreiber kann die Länge der Hochlastzeitfenster noch in Grenzen variieren.

Mit der Lage der Hochlastzeitfenster entscheidet sich auch, welche Kunden Anspruch auf ein atypisches Netzentgelt haben: Ihre Jahreshöchstlast muss außerhalb der Hochlastzeitfenster liegen und ihre eigene höchste Leistung innerhalb der Hochlastzeitfenster erheblich überschreiten. Das Bild 11-4 veranschaulicht das Prinzip.

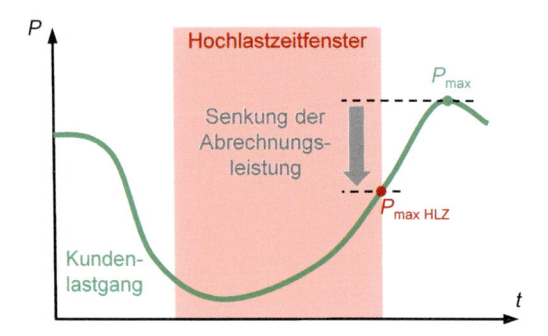

Bild 11-4 Abrechnungsrelevante Leistung eines atypischen Kunden (schematisch)

Atypischen Kunden wird bei der Netznutzungsabrechnung nicht ihre Jahreshöchstleistung P_{max}, sondern ihre Höchstleistung $P_{max\ HLZ}$ innerhalb der Hochlastzeitfenster in Rechnung gestellt. Voraussetzung ist, dass die Entgeltreduzierung mindestens 500 € beträgt und die Erheblichkeitsschwelle überschritten wird. Letztere besagt, dass die Reduktion der Abrechnungsleistung mindestens 100 kW und mindestens 5 bis 30 % der Jahreshöchstleistung betragen muss. Der Prozentsatz ist abhängig von der Netz- bzw. Umspannebene der Entnahme.

Im Rahmen der Kostenträgerrechnung für die allgemeine Netzentgeltkalkulation ist zu beachten, dass der Netzbetreiber atypische wie reguläre Kunden behandelt (Kapitel 11.1), denn die Mindererlöse werden ihm aus der entsprechenden Umlage erstattet.

11.6 Stromintensive Netznutzung

Bei Großverbrauchern mit besonders gleichmäßiger Entnahme geht der Gesetzgeber davon aus, dass diese zu einer Senkung oder Vermeidung einer Erhöhung der Netzkosten beitragen. Dem liegt offenbar die Überlegung zu Grunde, dass die betroffenen Letztverbraucher aufgrund ihrer günstigen Verbrauchsstruktur auch auf einen Netzanschluss zu verzichten könnten. Stattdessen wäre für sie die Errichtung eigener Leitungen zu großen Kraftwerken oder wichtigen Netzknoten in höheren Netz- oder Umspannebenen wirtschaftlich. Durch den bestehenden Anschluss tragen sie zu einer hohen Auslastung des bestehenden Netzes bei. Deshalb haben sie einen Anspruch auf ein reduziertes Netzentgelt.

Die gesetzlichen Regelungen finden sich in § 19 Abs. 2 StromNEV: Betroffen sind Letztverbraucher mit einem Jahresbedarf von mehr als 10 Mio. kWh bei einer Jahresbenutzungsdauer von wenigstens 7.000 Stunden. Das Entgelt muss mindestens 20 Prozent des regulären Netzentgelts betragen. Die Untergrenze sinkt auf 15 Prozent bei mindestens 7.500 Benutzungsstunden und auf 10 Prozent bei mindestens 8.000 Benutzungsstunden. Der Netzbetreiber schließt eine individuelle Vereinbarung zur Netznutzung, die vom Letztverbraucher der Bundesnetzagentur vorzulegen ist. Diese kann die individuellen Netzentgelte prüfen und, sofern ungerechtfertigt, untersagen. Verhält sich der Kunde im Abrechnungsjahr nicht im Sinne der genannten Voraussetzungen, so ist das normale Netzentgelt abzurechnen.

Auch in der stromintensiven Netznutzung regelt die Bundesnetzagentur Abwicklungsfragen einheitlich für alle Netzbetreiber (BNetzA 2013). Der Beitrag zu einer Senkung oder Vermeidung einer Erhöhung der Netzkosten muss kundenindividuell berechnet werden. Hierzu unterstellt der Netzbetreiber, dass der Kunde seinen Bedarf alleine aus dem nächstgelegenen geeigneten Grundlastkraftwerk deckt. Zwischen dem Anschlusspunkt des Kunden und dem des Kraftwerks wird eine direkte Stromleitung auf bestehenden Trassen angenommen. Die Kosten dieser fiktiven Direktleitung vergleicht der Netzbetreiber mit dem regulären Netzentgelt des Kunden. Ist die fiktive Leitung günstiger, so stellt sie unter Beachtung der gesetzlichen Mindestentgelte das Entgelt der stromintensiven Netznutzung dar.

Im Rahmen der Kostenträgerrechnung für die allgemeine Netzentgeltkalkulation ist zu beachten, dass der Netzbetreiber stromintensive wie reguläre Kunden behandelt (Kapitel 11.1), denn die Mindererlöse werden ihm aus der entsprechenden Umlage erstattet.

11.7 Singulär genutzte Betriebsmittel

Stromnetze zeichnen sich dadurch aus, dass Netznutzer die elektrischen Anlagen gemeinsam nutzten. Eine eindeutige Zuordnung von Netzanlagen zu Kunden ist im Allgemeinen nicht möglich. In Ausnahmefällen werden Netzanlagen aber nur von einem einzigen Kunden genutzt. Betrifft das alle Anlagen, die der Kunde in einer Netz- oder Umspannebene des Netzbetreibers nutzt, so sind diese Anlagen dem Kunden im Rahmen der Netzentgeltkalkulation individuell zurechenbar und werden als singulär genutzte Betriebsmittel (sgB) bezeichnet. Der Netzbetreiber hat dann ein gesondertes Entgelt mit dem Kunden zu vereinbaren. Einzelheiten sind im § 19 Abs. 3 StromNEV enthalten.

Das Prinzip ist im Bild 11-5 dargestellt. Der Kunde nutzt alle von ihm genutzten Betriebsmittel der Ebene n ausschließlich selbst. Erst in der vorgelagerten Ebene n-1 erfolgt eine gemeinsame Nutzung mit anderen Kunden.

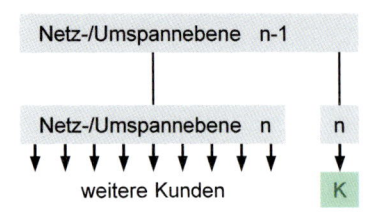

Bild 11-5
Prinzip der singulär genutzten Betriebsmittel

Das gesonderte Entgelt betrifft nur die Ebene der singulären Netznutzung. Die darüber liegenden Ebenen werden über das hierfür gültige allgemeine Netzentgelt abgegolten. Das Entgelt des Kunden im Bild 11-5 besteht demnach aus dem Entgelt gemäß Preisblatt Netznutzung für die Entnahme aus Ebene n-1 zuzüglich des individuellen Entgelts für die Ebene n. Üblicherweise wird dies in einer gesonderten Netznutzungsvereinbarung zwischen Netzbetreiber und Kunde geregelt. Der Netzbetreiber muss anspruchsberechtigte Kunden von sich aus auf die Möglichkeit eines individuellen Netzentgelts hinweisen, da diese keine Kenntnis über den Netzaufbau haben.

Ein Beispiel für singulär genutzte Betriebsmittel ist eine Leitung des Netzbetreibers, die ein Umspannwerk direkt mit einer Kundenanlage verbindet, ohne dass an diese Leitungen andere Kunden angeschlossen sind. Auch Transformatoren können singulär genutzt sein, z. B. wenn ein Kunde über einen separaten Transformator des Netzbetreibers an dessen Hochspannungsnetz angeschlossen ist.

Manche Netzbetreiber kalkulieren Entgelte für singuläre Betriebsmittel auf Grundlage pauschalierter Durchschnittskosten für typisierte Betriebsmittel. Andere Netzbetreiber legen konkret die spezifischen Kostenbeträge der einzelnen individuellen Betriebsmittel zu Grunde.

Seit 2020 ist der Anwendungsbereich der Sonderentgelte für singulär genutzte Betriebsmittel auf die Netzebene Mittelspannung und höhere Ebenen beschränkt.

11.8 Stromspeicher

Stromspeicher können Strom aufnehmen und – abgesehen von Speicherverlusten – zeitversetzt wieder abgeben.

Manche Speicher sind für die Unterstützung des Stromhandels und des Regelenergiemarktes oder netzdienlich für die Beseitigung von Netzengpässen direkt am Netz des Netzbetreibers angeschlossen. Der in ihnen gespeicherte Strom wird nach Wiedereinspeisung in Netz üblicherweise an Letztverbraucher geliefert und dabei mit Netzentgelten belegt. Eine Belastung des gesamten gespeicherten Stroms mit Netzentgelten wäre faktisch eine Doppelbelastung. Deshalb ist für diese Art der Speichernutzung ein in diesem Kapitel behandeltes Sonderentgelt zu entrichten.

Davon zu unterscheiden sind Speicher, die in Kundennetzen gemeinsam mit Erzeugern oder Verbrauchern betrieben werden. Sie dienen in der Regel dazu, den Strombezug aus oder die Einspeisung ins allgemeine Netz zu optimieren. Damit kann der Betreiber der Kundenanlage beispielsweise seine regulären Netzentgelte sowie gesetzliche Umlagen minimieren. Solche Speicher sind hinsichtlich des Netzentgeltes nicht privilegiert.

Die Privilegierung betrifft die Stromentnahme aus dem allgemeinen Netz zur Befüllung des Speichers. Zunächst ist zu beachten, dass mehrere Gruppen von Speichern vom Gesetzgeber unter bestimmten Voraussetzungen zeitlich befristet vollständig von den Netzentgelten befreit wurden (§ 118 Abs. 6 EnWG):

- „neue" Stromspeicher
- Pumpspeicherkraftwerke: Hier wird mittels Pumpen Wasser in hochgelegene Becken gepumpt und später zwecks Stromerzeugung wieder zu Tal gelassen.
- Power-to-Gas-Anlagen: Sie erzeugen mittels Strom Wasserstoff oder Methan. Das Gas wird in der Regel in das allgemeine Gasnetz eingespeist. Eine Rückverstromung ist nicht erforderlich.

Für alle anderen Stromspeicher wird gemäß § 19 Abs. 4 Stromnetzentgeltverordnung auf die Erhebung des Arbeitsentgelts verzichtet. Als Leistungspreis gilt der Preis für reguläre Entnahme bei mehr als 2.500 Benutzungsstunden. Sollte der Speicher bei der Stromentnahme aus dem Netz auch die Voraussetzung der atypischen Netznutzung erfüllen (Kapitel 11.5), so reduziert sich der Leistungspreis entsprechend, und es kommt nur noch auf die Entnahmen während der Hochlastzeitfenster an. In diesem Fall sind mindestens 20 Prozent des regulären Leistungspreises zu entrichten.

Abgerechnet wird auf jeden Fall nicht die Jahreshöchstleistung der Entnahme, sondern nur der Anteil, der bei der Ausspeicherung nicht wieder in das Netz eingespeist wird. Faktisch ist also nur der Leistungsbedarf zum Bezug der Speicherverluste netzentgeltrelevant. Den vorgenannten Anteil muss der Kunde dem Netzbetreiber nachweisen.

Eine Preiskalkulation für Stromspeicher erübrigt sich aufgrund der gesetzlichen Vorgaben. Zu beachten ist, dass die zugehörigen Erlöse Bestandteil der Erlösobergrenze sind. Im Rahmen der Kostenträgerrechnung müssen deshalb die Planerlöse für Stromspeicherentgelte von den Gesamterlösen der jeweiligen Netz- oder Umspannebene subtrahiert werden.

Der Netzbetreiber ist verpflichtet, das Entgelt den Betreibern von Stromspeichern in seinem Netz anzubieten. Dies kann er durch Veröffentlichung des Entgelts auf dem Preisblatt Netznutzung tun.

Für alle Stromspeicher gilt, dass eine Rückspeisung ins Netz aufgrund des deutschen Netzzugangsmodells nicht mit Netzentgelten belastet wird (Kapitel 2.3). Insoweit sind die Speicher den dezentralen Erzeugern gleichgestellt.

11.9 Blindstrommehrverbrauch

Mit Entgelten für den Blindstrommehrverbrauch rechnen viele Netzbetreiber ein Produkt im Rahmen der Netznutzung ab, das eine technisch bedingte Mehrbelastung des Netzes durch den Kunden vergüten soll. Kleinkunden sind hiervon nicht betroffen. Sie beziehen zwar auch Blindstrom, aber der Aufwand für die Erfassung und Abrechnung wäre aufgrund der geringen Mengen unverhältnismäßig hoch.

Wenn bislang von elektrischer Leistung oder Arbeit der Rede war, bezog sich das auf die sogenannte Wirkleistung und Wirkarbeit. Sie steht im Zusammenhang mit dem Transport und Verbrauch von Nutzenergie, z. B. dem Verrichten mechanischer Arbeit oder der Erzeugung von Wärme und Licht. Daneben erfordern die elektrische Energieversorgung mit Wechselstrom und auch viele Stromverbraucher aus technischen Gründen weitere Leistungs- und Arbeitsmengen, die für den Auf- und Abbau der erforderlichen elektrischen und magnetischen Felder sorgen. Sie bewirken einen Hin- und Rückfluss von Energie in schneller zeitlicher Abfolge. Am Transport von Nutzenergie sind sie nicht beteiligt. Die Tabelle 11-2 gibt einen Überblick.

Tabelle 11-2 Wirk- und Blindgrößen in der elektrischen Energieversorgung

	Wirkanteil	**Blindanteil**	**Gesamtgröße**
Strom	Wirkstrom	Blindstrom	(Gesamt-)Strom
Leistung	Wirkleistung oder allgemein „Leistung" P	Blindleistung Q	Scheinleistung S
Arbeit	Wirkarbeit oder allgemein „Arbeit"	Blindarbeit	(ohne praktische Bedeutung)
Erzeuger	Generatoren	Motoren, Generatoren, Leitungen, Stromrichter, Kompensationsanlagen (je nach Betriebszustand)	
Verbraucher	Motoren, Wärmeerzeuger, Beleuchtung usw.		
Messung	Wirkarbeitszähler bzw. normaler „Stromzähler"	Blindarbeitszähler bzw. „Blindstromzähler"	(ohne praktische Bedeutung)

Wirkleistung P und Blindleistung Q bilden gemeinsam die Scheinleistung S. Sie ist eine zur Dimensionierung des elektrischen Netzes maßgebliche Größe:

$$S^2 = P^2 + Q^2$$

Der Zusammenhang lässt sich geometrisch als Dreieck darstellen (Bild 11-6).

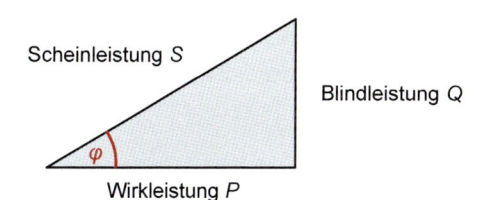

Bild 11-6
Zusammenhang zwischen Wirk-, Blind- und Scheinleistung

Der Winkel φ („phi") ist charakteristisch für das Verhältnis von Wirk- zu Blindleistung. Der Cosinus des Winkels wird im allgemeinen Sprachgebrauch als Leistungsfaktor bezeichnet (technisch korrekt: Verschiebungsfaktor):

$$\cos \varphi = P/S$$

Bei vielen Verbrauchern und Netzanlagen ist der Bedarf bzw. die Erzeugung von Blindleistung abhängig vom Betriebszustand: Im Leerlauf werden andere Blindleistungsbeträge benötigt als beispielsweise unter voller Belastung.

Grundsätzlich sollte Blindleistung im Netz dort erzeugt werden, wo sie auch benötigt wird. Ein Transport von Blindleistung über das Netz begrenzt die für Wirkleitung verfügbare Netzkapazität und belastet das Netz durch zusätzliche Verlustenergie. Dadurch entstehen dem Netzbetreiber Kosten.

Der Blindleistungsaustausch zwischen Netzbetreiber und Kunde ist grundsätzlich kaum vermeidbar und wird in gewissen Grenzen toleriert. Die damit verbundenen Kosten des Netzbetreibers werden über das reguläre Netzentgelt gedeckt. In der Praxis bedeutet dies, dass die Blindarbeit abgegolten ist, soweit sie nicht einen bestimmten Anteil an der Wirkarbeit übersteigt. Die meisten Netzbetreiber legen einen Mindestwert für den Leistungsfaktor fest, zum Beispiel 0,95. Im Niederspannungsnetz ist für Letztverbraucher ein Mindestwert von 0,9 gesetzlich vorgeschrieben. Die Tabelle 11-3 zeigt den Zusammenhang zwischen Leistungsfaktor und Blindleistungsanteil für praktisch relevante Fälle. Bei einem Leistungsfaktor von 0,95 erreicht die bezogene Blindleistung bereits ein Drittel der bezogenen Wirkleistung.

Tabelle 11-3 Zusammenhang zwischen Leistungsfaktor Blindleistungsanteil

Leistungsfaktor cos φ	Winkel φ	Blindleistungsanteil Q/P
1	0°	0 %
0,95	18°	33 %
0,9	26°	48 %

Eine Unterschreitung des Leistungsfaktors, also ein höherer Blindleistungsaustausch, ist nicht verboten, soweit die Technischen Anschlussbedingungen des Netzbetreibers dies zulassen. Die über der Grenze liegende Blindarbeitsmenge ist dem Netzbetreiber jedoch zu vergüten. Dazu werden Blindarbeitsmengen im Bedarfsfall durch spezielle Messeinrichtungen erfasst. Alternativ hat der Kunde die Möglichkeit, eine Kompensationseinrichtung zu betreiben und so seinen Blindleistungsaustausch mit dem Netz zu begrenzen.

Gesetzliche Vorgaben zum Blindstrommehrverbrauch bestehen nicht. Die Regulierungsbehörden tolerieren diese Entgelte im Rahmen ihrer Verwaltungspraxis. Insoweit ist eine Kalkulation für den Netzbetreiber optional. Dennoch sind solche Entgelte weit verbreitet und allgemein akzeptiert, weil sie dem Kunden wichtige wirtschaftliche Anreize für ein netzwirtschaftlich sinnvolles Verhalten setzen und so zur Effizienz der Stromversorgung beitragen. Entgelte für Blindstrommehrverbrauch werden üblicherweise im Preisblatt Netznutzung veröffentlicht.

Eine kostenbasierte Kalkulation der Entgelte für Blindstrommehrverbrauch ist nur unter vielen vereinfachenden Annahmen möglich. Bei der Festlegung der Entgelte kann der Netzbetreiber sich auch auf Erfahrungswerte oder eine Marktrecherche stützen. Kundenindividuelle Preise sind nicht üblich. Meistens wird ein einheitlicher Blindarbeitspreis für alle Netz- und Umspannebenen ermittelt. Zu beachten ist, dass die zugehörigen Erlöse Bestandteil der Erlösobergrenze sind. Im Rahmen der Kostenträgerrechnung müssen deshalb die Planerlöse für Blindstrommehrverbrauch von den Gesamterlösen der jeweiligen Netz- oder Umspannebene subtrahiert werden.

11.10 Netzreservekapazität

Mit der Inanspruchnahme von Netzreservekapazität (oder auch Reservenetzkapazität) können große Kunden mit Eigenversorgung sich gegen erhöhte Netzentgeltzahlungen bei Ausfall ihrer Stromerzeugungsanlage absichern.

Industriekunden und große Gewerbekunden betreiben oftmals in ihrer Kundenanlage dezentrale Erzeugungsanlagen. Teilweise können diese Anlagen so eingesetzt werden, dass der Kunde weniger Strom aus dem allgemeinen Netz bezieht und damit auch Netzentgelte einspart. Fällt die dezentrale Erzeugungsanlage aus oder wird sie zu Wartungszwecken abgeschaltet, so steigt der Bezug aus dem allgemeinen Netz um den Betrag der Anlagenleistung an, wenn der Kunde nicht gleichzeitig seinen Stromverbrauch absenkt. Das Prinzip ist im Bild 11-7 dargestellt.

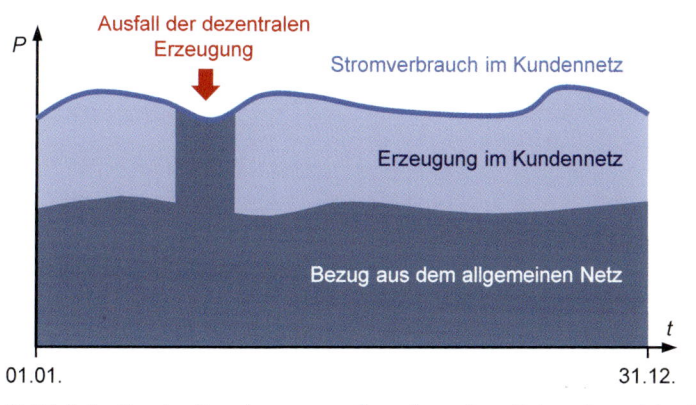

Bild 11-7 Anstieg des Strombezugs aus dem allgemeinen Netz aufgrund des Ausfalls einer Erzeugungsanlage im Kundennetz

Der Mehrbezug kann vor allem bezüglich der abzurechnenden Jahreshöchstleistung problematisch sein. Möglicherweise steigt die Jahreshöchstleistung durch den Ausfall der Erzeugungsanlage stark an. Im Beispiel von Bild 11-7 führt der Ausfall der Erzeugungsanlage fast zu einer Verdoppelung der Jahreshöchstleistung des Strombezugs.

In solchen Fällen hat der Kunde ein Interesse daran, dass die bezogene Leistung in diesen besonderen Zeiten nicht in voller Höhe angerechnet wird. Der Kunde kann das erreichen, indem er vor dem Lieferjahr beim Netzbetreiber Netzreservekapazität bestellt und sie bei Bedarf im Lieferjahr in Anspruch nimmt. Grundsätzlich kann auch der Netzbetreiber selbst Netzreservekapazität im vorgelagerten Netz bestellen.

Wer Netzreservekapazität bestellt, zahlt eine Art Versicherungsprämie. Kommt es im Lieferjahr zu Ausfällen der dezentralen Erzeugung und steigt dadurch die Abrechnungsleistung, so reduziert die Netzreservekapazität die Netzentgeltzahlung. Ist das nicht der Fall, so ist die Bestellung nachteilig: Die bestellte Netzreservekapazität ist auf jeden Fall zu bezahlen, auch wenn sie nicht in Anspruch genommen wird. Ob und in welcher Höhe Netzreservekapazität bestellt wird, ist deshalb eine Frage des wirtschaftlichen Kalküls und der Risikobereitschaft des Kunden.

Zur Höhe der Netzreservekapazität trifft der Gesetzgeber keine Maßgaben. Er ermächtigt jedoch die Regulierungsbehörden, diesbezüglich Einzelheiten zu regeln (§ 30 Abs. 1 Nr. 7 StromNEV). Davon haben die Regulierungsbehörden bislang keinen Gebrauch gemacht.

Die Bundesnetzagentur hat in einem Missbrauchsverfahren entschieden, dass der Kunde gegenüber dem Netzbetreiber keinen Anspruch auf ein Angebot von Netzreservekapazität hat (BNetzA 2019). Dennoch bieten viele Netzbetreiber Netzreservekapazität an und veröffentlichen diese auf dem Preisblatt Netznutzung.

Die Kalkulation und Anwendung der Netzreservekapazität ist in der Branche aufgrund der fehlenden Vorgaben nicht einheitlich. Viele Netzbetreiber orientieren sich an einer Verbändevereinbarung, die den Netzzugang im Zeitraum von 2002 bis 2005 regelte (BDI u.a. 2001).

Danach konnte der Kunde für einen Zeitraum von bis zu 600 Stunden im Jahr Netzreservekapazität bestellen. Bei der Bestellung waren die Höhe und die maximale Dauer der Inanspruchnahme festzulegen. Was bestellt wurde, musste unabhängig von der Inanspruchnahme bezahlt werden. Für die Netzreservekapazität gab es gestaffelte Preise von 25 bis 35 % der Briefmarke in der Ebene der Entnahme. Die Staffelung erfolgte nach der Dauer der Inanspruchnahme.

Der Kunde musste dem Netzbetreiber Beginn, voraussichtliche Dauer und Ende der Reserveinanspruchnahme melden. Überschreitungen nach Höhe oder Dauer der Inanspruchnahme führten zu einer Pönale, im Extremfall durch Wegfall der Privilegierung. Für die Zeit der Inanspruchnahme wurde zur Ermittlung der Abrechnungsleistung des Netzentgelts die Leistung der Entnahme um den Betrag der bestellten Netzreservekapazität reduziert.

Nützliche Hinweise und Anwendungsbeispiele enthielt auch der Kommentarband zur vorgenannten Verbändevereinbarung (VDN 2002).

Bietet der Netzbetreiber seinen Kunden Netzreservekapazität an, so muss er beachten, dass die zugehörigen Erlöse Bestandteil der Erlösobergrenze sind. Im Rahmen der

Kostenträgerrechnung müssen deshalb die Planerlöse für Netzreservekapazität von den Gesamterlösen der jeweiligen Netz- oder Umspannebene subtrahiert werden.

11.11 Pooling von Entnahmestellen

Pooling kommt zur Anwendung, wenn mehrere Entnahmestellen eines Kunden im Netz des Netzbetreibers zur Abrechnung der Netznutzung zusammengefasst werden. Dies reduziert im Allgemeinen die abrechnungsrelevante Jahreshöchstleistung.

Großkunden und nachgelagerte Netzbetreiber sind RLM-Kunden. Bei ihnen wird neben der entnommenen Arbeit auch die Jahreshöchstleistung im Rahmen der Netznutzung abgerechnet. Oft haben diese Kunden mehrere Entnahmestellen im Netz des Netzbetreibers. Die Entnahme kann am gleichen Ort erfolgen oder an unterschiedlichen Orten. Gegebenenfalls gehören die Entnahmen zum gleichen Kundennetz, oder es handelt sich um separate Kundennetze.

Deshalb stellt sich bei der Abrechnung der Netznutzung die Frage, welche Entnahmestellen als Einheit zu behandeln sind. In dem Fall werden die entnommenen Arbeitsmengen und Leistungen bei der Abrechnung gemeinsam betrachtet, also „gepoolt". Bezüglich der Leistungswerte hat das zur Folge, dass ein Summenlastgang ermittelt wird und die zeitgleiche Jahreshöchstleistung über alle betreffenden Entnahmestellen zur Abrechnung kommt. Die zeitgleiche Jahreshöchstleistung ist im Regelfall niedriger als die Summe der einzelnen Jahreshöchstleistungen (Kapitel 2.4). Damit reduziert sich das abzurechnende Netzentgelt.

Der Gesetzgeber hat Einzelheiten zum Pooling in § 17 Abs. 2a StromNEV geregelt. Ein Pooling ist unter folgenden Voraussetzungen durchzuführen: Die betreffenden Entnahmestellen des Kunden müssen in der gleichen Netz- oder Umspannebene des Netzbetreibers liegen. Außerdem müssen sie entweder „Bestandteil desselben Netzknotens" beim Netzbetreiber sein, oder sie müssen über das Kundennetz technisch verbunden sein. Letzteres muss der Kunde nachweisen.

Im Bild 11-8 ist das Pooling-Prinzip ist für den Fall einer Verbindung im Kundennetz dargestellt.

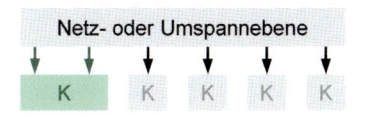

Bild 11-8
Kunde mit zwei kundenseitig verbundenen Entnahmestellen, die an der gleichen Netz- oder Umspannebene angeschlossen sind

Praktische Hinweise zur Anwendung finden sich in einem unverbindlichen Hinweispapier der Regulierungsbehörden (BNetzA 2014). Dort wird aus Behördensicht dargestellt, was unter „demselben Netzknoten" zu verstehen ist, wann von einer hinreichenden technischen Verbindung im Kundennetz auszugehen ist und wie die Lastgänge des Kunden saldiert werden sollen.

Für die Kalkulation der Netzentgelte ist das Pooling kaum relevant. Bei der Ermittlung des Mengengerüsts (Kapitel 8.2) ist zu beachten, dass die betreffenden Entnahmestellen zusammengefasst werden. Sofern der Netzbetreiber Lastgänge aus der Netzabrechnung verwendet, ist das Pooling darin bereits berücksichtigt. Spezielle Hinweise auf dem Preisblatt oder eine Veröffentlichung der gepoolten Entnahmestellen sind nicht erforderlich.

11.12 Gemeinsame Netzebene, Pancaking

Der Begriff „Pancaking" steht für ein ermäßigtes Netzentgelt, das nachgelagerte Netzbetreiber im Fall besonderer Anschlusssituationen an den vorgelagerten Netzbetreiber zahlen.

Grundsätzlich muss der Netzbetreiber bei der Preiskalkulation Entnahmen durch Letztverbraucher und nachgelagerte Netzbetreiber gleichbehandeln. Manchmal kommt es vor, dass vor- und nachgelagerter Netzbetreiber sich eine Netzebene teilen. Die Situation ist im Bild 11-9 veranschaulicht.

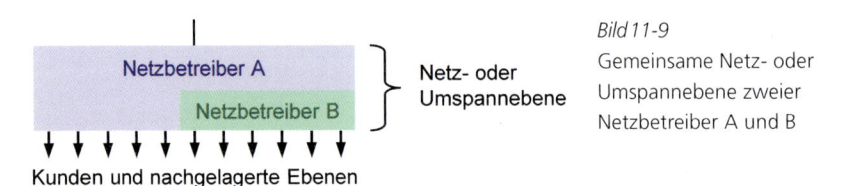

Bild 11-9
Gemeinsame Netz- oder Umspannebene zweier Netzbetreiber A und B

Beispielsweise liegt der Anschlusspunkt im Mittelspannungsnetz des vorgelagerten Netzbetreibers. Der nachgelagerte Netzbetreiber selbst hat ebenfalls Mittelspannungsleitungen. Behandelt der vorgelagerte Netzbetreiber den nachgelagerten Netzbetreiber wie einen normalen Mittelspannungskunden, zahlen die Mittelspannungskunden des nachgelagerten Netzbetreibers zwei Netzebenen Mittelspannung. Unter Berücksichtigung der Kostenwälzung führt das im Ergebnis zu einer systematischen Erhöhung aller Netzentgelte beim nachgelagerten Netzbetreiber.

Pancaking ist kein offizieller Begriff, beschreibt den Sachverhalt aber anschaulich. Er leitet sich aus dem Bild eines Stapels Pfannkuchen ab und steht für das Aufeinanderstapeln von Netzentgelten oder Briefmarken.

Der Gesetzgeber befasst sich in § 14 Abs. 2 StromNEV mit solchen Fällen. Pancaking ist nicht generell verboten, sondern grundsätzlich hinzunehmen. In Ausnahmefällen muss der vorgelagerte Netzbetreiber allerdings ein reduziertes Netzentgelt kalkulieren. Voraussetzung hierfür ist, dass im Fall der Zahlung des allgemeinen Entgelts beim nachgelagerten Netzbetreiber eine unbillige Härte entstehen würde. Alternativ gilt die Regelung für Netze, die so miteinander verbunden sind, dass sie nur gemeinsam sicher betrieben werden können. Der Gesetzgeber fordert in diesen Ausnahmefällen „sachgerechte Sonderregelungen", ohne dies zu konkretisieren. Die Sonderregelungen sind gegenüber der Regulierungsbehörde zu dokumentieren.

Aufgrund der lückenhaften Vorgaben haben sich in der Praxis unterschiedliche Lösungsvarianten entwickelt. Dazu zählen Pauschalabschläge auf das gewälzte Netzentgelt, die Berechnung von Minderungsbeträgen aus dem Verhältnis von Leitungslängen, die Kalkulation einer fiktiven Direktleitung, eine Einführung zusätzlicher Netzebenen (z. B. „Übertragung Mittelspannung" und „Verteilung Mittelspannung"), Miet- und Pachtlösungen oder die Bildung einer gemeinsamen Briefmarke.

Die Bundesnetzagentur hat als Orientierung und Hilfestellung für die Netzbetreiber einen unverbindlichen Leitfaden veröffentlicht (BNetzA 2009). Danach soll eine „unbillige Härte" dann vorliegen, wenn die Netzentgelte des nachgelagerten Netzbetreibers in der gemeinsamen Ebene die des vorgelagerten Netzbetreibers um mehr als 15 Prozent übersteigen.

Zur Ermittlung der Entgelte schlägt die Bundesnetzagentur eine virtuelle Miet- und Pachtlösung vor: Der vorgelagerte Netzbetreiber stellt den nachgelagerten Netzbetreiber so, als würde der vorgelagerte Netzbetreiber die Anlagen des nachgelagerten Netzbetreibers in der gemeinsamen Ebene pachten. Die fiktiven Pachtaufwendungen fließen in seine eigenen Kosten der Spannungsebene ein. Daraus werden eine gemeinsame „Briefmarke" und das Entgelt für den nachgelagerten Netzbetreiber ermittelt. Die anderen Netzentgelte der gemeinsamen Ebene kalkuliert der vorgelagerte Netzbetreiber ohne die fiktiven Pachtaufwendungen.

Im Rahmen der Preiskalkulation sind Pancaking-Fälle separat zu betrachten. Mindererlöse aufgrund des reduzierten Netzentgelts werden von den anderen Entnahmen der Netz- bzw. Umspannebene getragen. Eine Veröffentlichung der gesonderten Entgelte ist nicht üblich.

11.13 Entgelte für dezentrale Einspeisung

Im Vergleich zu allen anderen Netzentgelten haben Entgelte für dezentrale Einspeisung die Besonderheit, dass sie Zahlungen des Netzbetreibers an Dritte, die Einspeiser, auslösen: Sie erzeugen beim Netzbetreiber Kosten, keine Erlöse. Strukturell betrachtet, handelt es sich um Ausgleichszahlungen des Netzbetreibers an dezentrale Einspeiser, die strukturelle Nachteile aus dem in Deutschland realisierten Netzzugangsmodell kompensieren sollen. Die Entgelte werden auch als vermiedene Netzentgelte bezeichnet (übliche Abkürzungen vNE oder vNNE).

In Deutschland gibt es unterschiedliche Arten von Stromerzeugungsanlagen, die sich unter anderem nach Standort und Größe stark unterscheiden. Große Kraftwerke müssen wegen ihrer hohen Erzeugungsleistung in den höheren Netz- und Umspannebenen angeschlossen werden. Die größten Kraftwerke haben einen Anschluss direkt im Übertragungsnetz. Die meisten Kunden sind hingegen in den unteren Netz- und Umspannebenen angeschlossen. Für den Stromtransport aus den zentralen Großkraftwerken werden alle dazwischenliegenden Netz- und Umspannebenen technisch beansprucht. Kleinere Erzeuger hingegen sind aufgrund ihrer geringen Leistung in den unteren Ebenen angeschlossen. Ein Stromtransport zu den Kunden beansprucht die vorgelagerten Ebenen wenig oder gar nicht. Dezentrale Erzeuger haben deshalb einen Standortvorteil. Ihr Stromtransport zum Kunden verursacht grundsätzlich weniger Netzkosten. Das Prinzip ist im Bild 11-10 dargestellt.

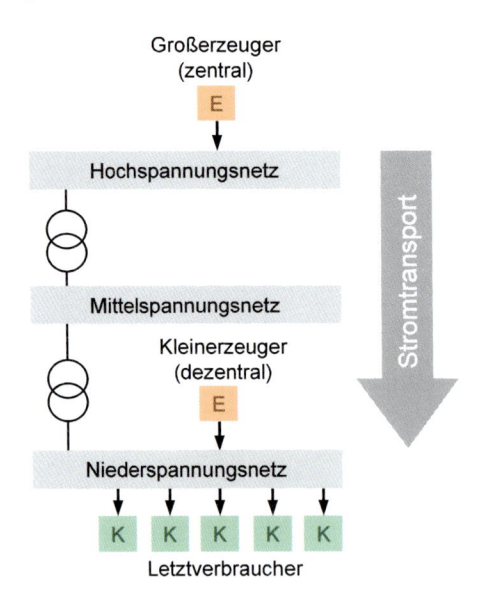

Bild 11-10
Anschlussorte von Groß- und Kleinerzeugern nach Netzebenen

Dass zentral angeschlossene Großerzeuger dennoch wirtschaftlich sind, liegt an ihren niedrigeren spezifischen Stromerzeugungskosten, also Kosten je produzierter Kilowattstunde. Ganz allgemein ist ein Produkt aus einer Großproduktion günstiger als aus einer Kleinserie, weil bestimmte Kostenanteile des Produzenten unabhängig von der produzierten Stückzahl sind. Diese Kostenanteile verteilen sich in der Großproduktion auf eine größere Anzahl produzierter Einheiten. Deshalb haben dezentrale Erzeuger gegenüber den zentral angeschlossenen Großerzeugern neben dem Standortvorteil einen Größennachteil.

Das im Deutschland gesetzlich eingeführte Netzzugangsmodell führt dazu, dass das vom Kunden zu entrichtende Netzentgelt unabhängig vom Erzeugungsort des Stroms ist (Kapitel 2.3). Für eine dezentrale Versorgung wird das gleiche Netzentgelt fällig wie für eine zentrale Versorgung. Damit nimmt das Netzzugangsmodell den dezentralen Erzeugern ihren tatsächlich vorhandenen Standortvorteil. Es verbleibt der Größennachteil. Aus Kundensicht wäre die zentrale Versorgung nun günstiger. Der Kunde würde sich für einen Stromlieferanten entscheiden, der in Großkraftwerken einkauft. Die dezentralen Erzeuger wären nicht mehr konkurrenzfähig. Das Bild 11-11 veranschaulicht den Sachverhalt.

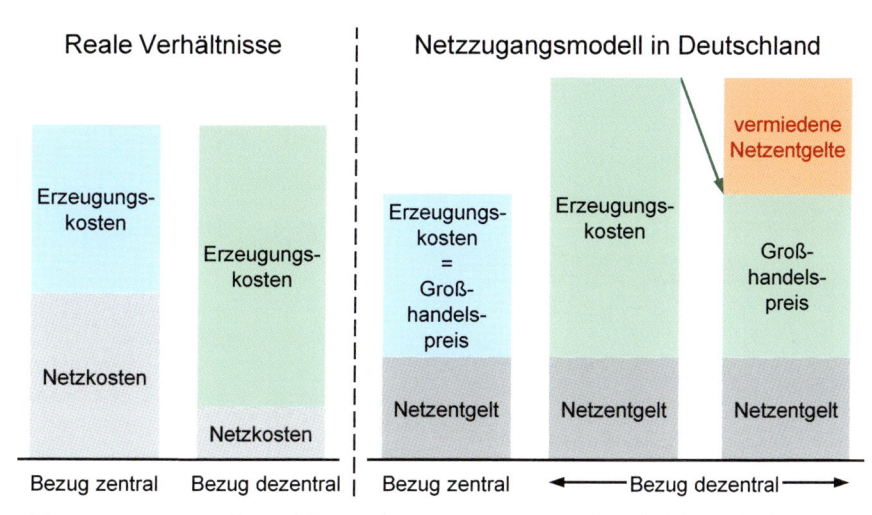

Bild 11-11 Kosten zentraler und dezentraler Erzeugung aus Kundensicht (ohne Abgaben, Umlagen und Vertriebskosten)

Die Entgelte für dezentrale Einspeisung sollen diesen strukturellen Fehler des Netzzugangsmodells korrigieren: Der Netzbetreiber erstattet dem dezentralen Erzeuger die in den vorgelagerten Netz- bzw. Umspannebenen vermiedene Netznutzung. Der

Erzeuger kann als Folge seinen Angebotspreis im Stromgroßhandel senken und ist damit wieder konkurrenzfähig gegenüber den zentralen Großerzeugern.

Die Ermittlung der Entgelte für dezentrale Einspeisung hat der Gesetzgeber in § 120 EnWG und § 18 StromNEV geregelt. In einem ersten Schritt muss für jede Netz- und Umspannebene die relevante Vermeidungsarbeit und Vermeidungsleistung ermittelt werden. Darunter versteht man die Arbeits- und Leistungswerte, die aus der vorgelagerten Netz- bzw. Umspannebene bezogen worden wären, wenn es keine dezentrale Einspeisung gäbe.

Die Vermeidungsarbeit ergibt sich einfach aus den dezentral eingespeisten Energiemengen. Bei der Vermeidungsleistung ist eine Betrachtung anhand von Jahresganglinien erforderlich. Das Prinzip ist im Bild 11-12 dargestellt. Die Vermeidungsleistung ist die Differenz zweier zeitungleicher Jahreshöchstleistungen: der Entnahme aus der Netz- oder Umspannebene und dem Bezug aus der vorgelagerten Ebene.

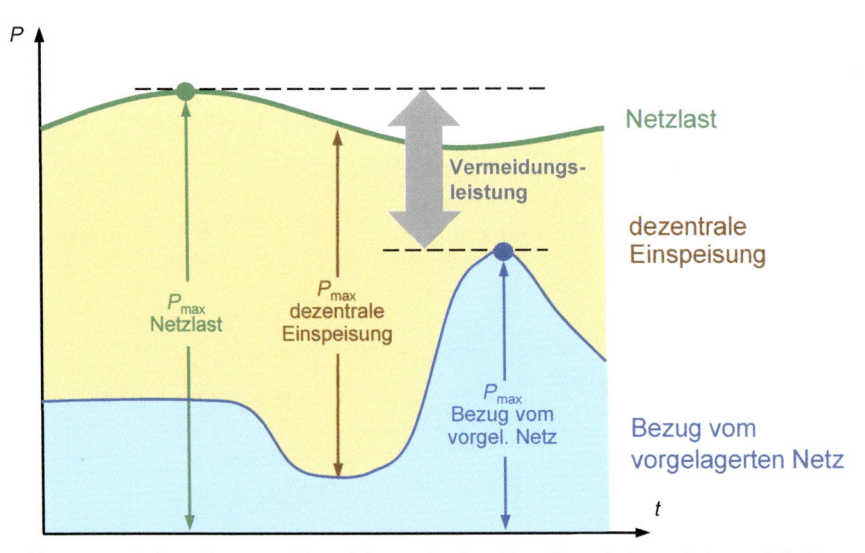

Bild 11-12 Ermittlung der Vermeidungsleistung in einer Netzebene (schematisch, vereinfachte Darstellung ohne Netzverluste)

In einem zweiten Schritt muss der Netzbetreiber Vermeidungsarbeit und Vermeidungsleistung auf die dezentralen Einspeiser sachgerecht aufteilen. Die Aufteilung der Arbeit erfolgt nach eingespeister Menge. Die Leistung wird ausschließlich auf Einspeiser mit RLM-Messung aufgeteilt. Dabei gibt es verschiedene Verfahren und teilweise Wahlrechte der Einspeiser.

Anschließend sind die Arbeits- und Leistungswerte jedes Einspeisers mit den Netzentgelten der vorgelagerten Netz- bzw. Umspannebene zu multiplizieren. Hierzu musste der Netzbetreiber im Jahr 2017 ein sogenanntes Referenzpreisblatt mit Preisstand 2016 kalkulieren und veröffentlichen, in das der Netzbetreiber verminderte Entgelte des vorgelagerten Netzbetreibers einkalkuliert hatte. Ursache der Minderung waren Übertragungsnetzentgelte auf Grundlage einer reduzierten Kostenbasis. Tatsächlich anzusetzen sind die jeweils niedrigeren Werte aus den Beträgen des Referenzpreisblatts und den aktuellen Preisen.

Bei Einspeisern, die Förderungen nach dem Erneuerbare-Energien-Gesetz oder dem Kraft-Wärme-Kopplungsgesetz erhalten, ist zu beachten, dass die Entgelte für dezentrale Einspeisung teilweise Bestandteil der gesetzlichen Einspeisevergütung sind. Sie kommen dann nicht explizit zur Auszahlung. Die Beträge muss der Netzbetreiber dennoch ermitteln, weil sie nicht im Rahmen der gesetzlichen Umlagemechanismen weiterverrechnet werden. Neben den anspruchsberechtigten Erzeugern stehen auch nachgelagerten Netzbetreibern Entgelte für dezentrale Einspeisung zu, wenn sie Strom in das Netz des vorgelagerten Netzbetreibers zurückspeisen.

Bei der Kalkulation der allgemeinen Netzentgelte sind die Entgelte für dezentrale Einspeisung Bestandteil der Erlösobergrenze. Sie werden bei der jährlichen Anpassung der Erlösobergrenze auf Prognosebasis berücksichtigt (Kapitel 6).

Die Bundesnetzagentur veröffentlicht jährlich aktualisierte Hinweise zur Anpassung der Erlösobergrenze. Das Dokument geht auch auf spezielle Aspekte der Kalkulation von Entgelten für dezentrale Einspeisung ein. Hilfreich sind auch Kalkulationsleitfäden des VDN und des VKU (VDN 2007; VKU 2005; VKU 2009). Ein umfassendes Exceltool zur Kalkulation der Entgelte für dezentrale Einspeisung veröffentlicht die Regulierungskammer Bayern auf ihrer Internetseite (RegK Bayern 2020).

Der Gesetzgeber hat in dem Netzentgeltmodernisierungsgesetz (NeMoG) im Jahr 2017 mit Wirkung ab 2018 die Anspruchsgrundlage neu geregelt. Hintergrund der Gesetzesänderung war neben politischen Erwägungen die Erkenntnis, dass eine Netzkostenersparnis dezentraler Erzeugung anders als früher nicht mehr generell gegeben ist. Bei vielen Netzbetreibern hat die dezentrale Erzeugung in den unteren Netzebenen stark zugenommen. Gerade bei Stromerzeugung aus Sonne und Windenergie erfolgen die Einspeisungen nicht zeitgleich mit dem Verbrauch und übersteigen die Verbrauchsmengen in manchen Netzen erheblich.

Mit der Gesetzesänderung wurden die Entgelte für dezentrale Einspeisung allgemein gesenkt (Einführung der vorgenannten Referenzpreisblätter) und für bestimmte Gruppen von Erzeugern nach und nach abgeschafft. Stromerzeugung aus Sonne und Windenergie erhält keine Entgelte für dezentrale Einspeisung mehr. Auch für sämtliche neue Erzeuger mit einer Inbetriebnahme ab 2023 werden die Entgelte abgeschafft.

12 Handlungsmöglichkeiten für Netzbetreiber

Der Netzbetreiber hat verschiedene Optionen, die Höhe seiner Netzentgelte zu beeinflussen. In diesem Kapitel werden bereits an anderen Stellen beschriebene Handlungsmöglichkeiten zusammengefasst und um weitere Aspekte ergänzt.

Der Handlungsrahmen beschränkt sich nicht auf Kalkulation der Netzentgelte. Bereits lange vor dem Beginn der Kalkulation wurden Entscheidungen getroffen, die sich auf die Höhe der Netzentgelte auswirken. Hierzu gehören:

- Unternehmensorganisation: Hat der Netzbetreiber Eigentum am Netz oder pachtet er das Netz? Erbringt er bestimmte Leistungen selbst oder beauftragt er damit andere Unternehmen?
- Finanzierungsstruktur: In welchem Umfang finanziert der Netzbetreiber sein Vermögen durch Eigenkapital? Erhebt der Netzbetreiber Baukostenzuschüsse und Netzanschlusskostenbeiträge? Wenn ja, in welcher Höhe?
- Aktivierungsgrundsätze: Nach welchen Maßgaben aktiviert der Netzbetreiber seine Netzanlagen?
- Nutzungsdauer: Wie nutzt der Netzbetreiber sein Wahlrecht bezüglich der kalkulatorischen Nutzungsdauern gemäß der Anlage 1 StromNEV?
- Tätigkeitsabschluss: Wie verteilt der Netzbetreiber Bilanzpositionen, die nicht direkt zuordenbar sind, auf die Tätigkeiten? Wo werden etwaige Nebengeschäfte bilanziert (z. B. Straßenbeleuchtung, Betriebsführung für Kunden)?
- Regulierungsstrategie: Welche Anträge stellt der Netzbetreiber, welche Nachweise erbringt er? Welche Entscheidungen der Behörden werden kritisch hinterfragt? Das betrifft insbesondere das Verfahren zur Festlegung der Erlösobergrenze aber auch andere Festlegungen (Tabelle 6-1).

Viele Entscheidungen des Netzbetreibers haben Einfluss auf die zeitliche Verteilung der Erlösobergrenze und damit auf die Frage, wann die Netzentgelte höher und wann niedriger ausfallen. Hintergrund ist die Notwendigkeit, zu vielen Aspekten Prognosen anzustellen. Soweit diese Prognosen nicht eintreffen, findet ein Ausgleich über das Regulierungskonto mit Wirkung in die Zukunft statt (Tabelle 6-4).

Ein wichtiger Bereich der Prognose ist das Mengengerüst (Kapitel 8). Hier stellen sich dem Netzbetreiber beispielsweise folgende Fragen:

- Geht man von allgemein steigenden oder sinkenden Mengen aus? Ist hier nach Kundengruppen zu differenzieren? Wie schätzt man beispielsweise den künftigen

Bedarf wichtiger Großkunden ein? Findet diesbezüglich eventuell auch ein Wechsel des Benutzungsdauerbereichs statt? Wie entwickelt sich Strombedarf für Elektromobilität?
- Setzt man in jedem Jahr auf den letzten vorhandenen Istwerten auf oder entwickelt man die Vorjahresprognose mit Augenmaß weiter (Kapitel 8)? Falls eine rollierende Ablesung durchgeführt wird: Wie geht man mit Hochrechnungskorrekturen um?
- Wie viel dezentrale Einspeisung wird erwartet (Inbetriebnahme oder Stilllegung von Erzeugungsanlagen, Aufkommen an Wind- und Solareinspeisung, Entwicklung der Großhandelspreise)?
- Wie ist die Mengenprognose mit Blick auf etwaige Netzübergänge anzupassen?
- Vereinfacht man die Mengenprognose durch Ansatz von Nullmengen im Bereich der Sonderentgelte (Kapitel 11), soweit die erwarteten Erlöse vernachlässigbar klein sind?
- Wird die Leistungswertermittlung bottom-up oder top-down oder in einem Mischverfahren durchgeführt (Kapitel 8.2)? Von welcher Benutzungsdauer geht man beim Bottom-up-Verfahren hinsichtlich der SLP-Kunden aus (Tabelle 8-3)?

Neben der Mengenprognose im engeren Sinne sind weitere Entscheidungen und Prognosen zu treffen mit vergleichbarer Wirkung auf die Netzentgelte:

- Dauerhaft nicht beeinflussbare Kosten (Tabelle 6-2): Hier ist eine Prognose für alle ohne Zeitverzug wirksamen Kostenanteile erforderlich, insbesondere vorgelagerte Netzkosten und Entgelte für dezentrale Einspeisung.
- Regulierungsprognose: Im Fall noch nicht vorliegender Behördenbescheide oder laufender Beschwerdeverfahren muss die künftige Entwicklung prognostiziert werden. Das betrifft insbesondere das Verfahren zur Festlegung der Erlösobergrenze aber auch andere Festlegungen (Tabelle 6-1).
- Kapitalkostenaufschlag: Neben der vorgenannten Regulierungsprognose kann der Netzbetreiber hier gegebenenfalls auf neuere Erkenntnisse darüber zurückgreifen, welchen Anteil der geplanten oder im Bau befindlichen Anlagen er im laufenden Jahr und im Folgejahr aktivieren wird.
- intelligenter Messstellenbetrieb: Grundsätzlich muss der Netzbetreiber entscheiden, wie er die Absenkung der Erlösobergrenze aufgrund des Übergangs von Messstellen zum intelligenten Messstellenbetrieb nach dem Basisjahr behandelt (Kapitel 6).
- Neukalkulation: Soweit sich die Erlösobergrenze zwischen dem 15. Oktober und dem 31. Dezember geringfügig ändert, ist über eine Neukalkulation der Netzentgelte zum 1. Januar zu entscheiden (Kapitel 6).

Des Weiteren erstreckt sich der Handlungsspielraum auf den Bereich der Kostenstellen und Kostenträger:

- Kostenstellenrechnung (Kapitel 7): Wie werden Kosten, die nicht direkt zuordenbar sind, auf die Kostenstellen des Netzes verteilt? Wie wird die Kostenstellenrechnung innerhalb der Regulierungsperiode gestaltet? Aktualisiert man zur Aufteilung der angepassten Erlösobergrenze den Kostenstellenschlüssel oder arbeitet man mit Schlüsselwerten des Basisjahrs? Wie behandelt man in dem Zusammenhang Positionen wie die vorgelagerten Netzkosten oder den Messstellenbetrieb?
- Kostenwälzung (Kapitel 9): Flankiert man die Ermittlung der Kostenwälzungsbeträge durch klassische stromwirtschaftliche Ansätze wie das differenzierte Spitzenlastanteilverfahren? Das genannte Verfahren stützt sich auf den tatsächlichen Gleichzeitigkeitsgrad der Entnahme nachgelagerter Netz- und Umspannebenen.
- Abgleich der Gleichzeitigkeitsfunktion (Kapitel 10.2): Vollzieht man den Abgleich in jedem Jahr der Periode? Wie nutzt man den beim Abgleich gegebenen Freiheitsgrad?
- Sonderentgelte (Kapitel 11): Wie ermittelt man die Preise der Sonderentgelte, soweit keine genauen Vorgaben bestehen? Welche optionalen Entgelte bietet man an? Umfang und Höhe der Sonderentgelte verändern auch Mengen und Erlösanteile für die regulären Netzentgelte.

13 Verprobungsrechnung

Nach den gesetzlichen Vorgaben ist die Kalkulation der Netzentgelte so durchzuführen, dass die Differenz zwischen den aus Netzentgelten tatsächlich erzielten Erlösen und den zulässigen Erlösen möglichst gering ist (§ 15 Abs. 2 StromNEV). Um dies zu belegen, muss eine sogenannte Verprobungsrechnung durchgeführt und der Regulierungsbehörde vorgelegt werden (§ 20 ARegV). Die Behörden stellen hierfür Vorlagen in Form von Excel-Dateien zur Verfügung.

Anhand der Verprobungsrechnung kann man feststellen, ob die Netzentgeltkalkulation insgesamt „aufgeht". In einem ersten Schritt wird ermittelt, welche Erlöse der Netzbetreiber mit den kalkulierten Preisen erzielen würde, wenn die von ihm prognostizierten Entnahmen exakt eintreten würden. Danach werden diese Erlöse mit der vom Netzbetreiber angepassten Erlösobergrenze vergleichen. Die Struktur der Berechnung ist in der Tabelle 13-1 dargestellt.

Tabelle 13-1 Grundsätzlicher Aufbau einer Verprobungsrechnung

Preiselement	Preis	Menge	Erlös
a	3 ct/kWh	20.000.000 kWh	600.000 €
b	40 €/kW	4.000 kW	160.000 €
c	10 €/Kunde	30.000 Kunden	300.000 €
...	...	...	...
Summe			**7.000.000 €**
angepasste Erlösobergrenze			7.000.000 €
Differenz			0 €

Der Netzbetreiber sollte darauf achten, dass in der Verprobungsrechnung alle Preise erfasst werden, deren zugehörige Leistungen in den Bereich der Erlösobergrenze fallen. Hierzu zählen neben den allgemeinen Netzentgelten auch Sonderentgelte und die Entgelte für den Betrieb herkömmlicher Messeinrichtungen. Sofern es weitere Preise gibt, etwa für Nebengeschäfte, sind diese nicht zu verproben. Gleiches gilt für die Preise des intelligenten Messstellenbetriebs (Kapitel 2.5).

Einen Spezialfall stellen die Sonderentgelte für atypische und stromintensive Netznutzung dar (Kapitel 11.5 und 11.6). Die hiervon betroffenen Kunden werden nicht mit ihrem reduzierten Netzentgelt, sondern dem regulären Netzentgelt belegt. Der Netzbetreiber berücksichtigt in der Verprobung also höhere Erlöse als er von den Kunden vereinnahmen wird. Die später tatsächlich entstehenden Mindererlöse werden über eine gesetzliche Umlage ausgeglichen (Kapitel 11.1). Der Netzbetreiber hat aus dem Ansatz höherer Preise bei der Verprobungsrechnung also keinen wirtschaftlichen Nachteil.

Die Verprobungsrechnung ist eine gute Qualitätskontrolle und sollte zusammen mit der Netzentgeltkalkulation erstellt werden. Abweichungen zwischen Erlösobergrenze und berechneten Erlösen können unterschiedliche Ursachen haben. Neben den eigentlichen Rechenfehlern (z. B. Formelfehler, nicht korrekt übernommene Daten, nicht oder zu viel berücksichtigte Entgeltbestandteile) können beispielsweise nicht abgeglichene Gleichzeitigkeitsgeraden zu Differenzen führen (siehe Abgleichkriterium im Kapitel 10.2). Daneben können auch Rundungsfehler zu kleinen Differenzen führen. Dies kann insbesondere den Arbeitspreis der SLP-Kunden betreffen, weil hier ein vergleichsweise niedriger Preis mit einer großen Entnahmemenge multipliziert wird.

Größere Abweichungen können auch entstehen, wenn der Netzbetreiber sich entschließt, die am 15. Oktober veröffentlichten Netzentgelte beizubehalten, obwohl die zu Grunde liegende Erlösobergrenze sich zwischen dem nach dem 15. Oktober und dem Jahreswechsel noch unwesentlich ändert (Kapitel 6). In dem Fall ändert sich in der Verprobungsrechnung nachträglich nur der Wert der angepassten Erlösobergrenze. Dieser Sachverhalt sollte gegenüber der Regulierungsbehörde dokumentiert werden. Im Fall einer Anhebung der Erlösobergrenze empfiehlt es sich klarzustellen, dass die entstehende „Unterverprobung" keinen freiwilligen Verzicht auf Anteile der Erlösobergrenze bedeutet, sondern bei der späteren Ermittlung des Regulierungskontosaldos nachzuholen ist.

14 Veröffentlichungs- und Mitteilungspflichten

Netzbetreiber unterliegen in der Regulierung vielfältigen Veröffentlichungs- und Mitteilungspflichten. Diese werden in Gesetzen oder Verordnungen, teilweise auch in Festlegungen der Regulierungsbehörden geregelt. Die Tabelle 14-1 enthält einen Überblick, soweit die Stromnetzentgelte betroffen sind.

Tabelle 14-1 Veröffentlichungs- und Mitteilungspflichten im Zusammenhang mit den Netzentgelten Strom

Nr.	Zeitpunkt	Gegenstand	Empfänger	Quelle
1	auf Anforderung	Netzkosten zur Bestimmung des Ausgangsniveaus der Erlösobergrenze	Regulierungsbehörde	§§ 27 (1), 32 (1) ARegV
2	15.10.	voraussichtliche Netzentgelte und Konzessionsabgaben	Internet	§ 20 (1) EnWG
3	31.10.	Hochlastzeitfenster für das Folgejahr	Internet	(BNetzA 2013)
4	01.01.	Anpassung der Erlösobergrenze und der Netzentgelte	Regulierungsbehörde	§§ 28, 32 (1) ARegV
5	(keine Frist)	zur Überprüfung der Netzentgelte notwendige Daten, insbesondere Bericht gem. § 28 StromNEV	Regulierungsbehörde	§§ 28, 32 (1) ARegV
6	(keine Frist)	Netzentgelte, inkl. individuelle Netzentgelte	Internet	§ 27 (1) StromNEV
7	seit 2017	Referenzpreisblatt für Entgelte für dezentrale Einspeisung	Internet	§ 120 (7) EnWG
8	unverzüglich	angepasste Netzentgelte	Lieferant	Standard-Netznutzungsvertrag § 7 (8)
9	unverzüglich	individuelle Netzentgelte (sofern mit einzelnen Kunden vereinbart)	Regulierungsbehörde	§ 27 (1) StromNEV
10	unverzüglich	alle zur Beurteilung einer etwaigen atypischen oder stromintensiven Netznutzung eines Kunden erforderlichen Unterlagen	Letztverbraucher	§ 19 (2) StromNEV

Bei der Veröffentlichung der allgemeinen Netzentgelte ist es auch üblich, gesetzliche Umlagen anzugeben (Kapitel 3). Dieser Teil der Veröffentlichung ist rechtlich nicht verpflichtend. Er hat sich aber als sinnvoll erwiesen, weil die gesetzlichen Umlagen ebenfalls vom Netzbetreiber erhoben werden müssen.

Für die Kalkulation der Netzentgelte besonders relevant ist die Dokumentation der Kalkulation im Bericht gemäß § 28 StromNEV gegenüber der Regulierungsbehörde. Der Bericht ist zu jeder Netzentgeltkalkulation, also jährlich anzufertigen und der Regulierungsbehörde zu übermitteln. Zusätzlich ist der Bericht mit abweichenden Inhalten alle fünf Jahre im Zusammenhang mit der regulatorischen Kostenprüfung zu übermitteln.

Die gesetzlichen Vorgaben an den Inhalt des Berichts sind umfangreich. Der Bericht soll die Kosten- und Erlöslage der abgeschlossenen Kalkulationsperiode darlegen. Darzustellen sind außerdem die Grundlagen und der Ablauf der Netzentgeltkalkulation sowie sonstiger für die Netzentgelte relevanter Aspekte. Auch sind Angaben zur Höhe der Konzessionsabgaben pro Gemeinde zu tätigen. In einen Anhang sind folgende Informationen aufzunehmen:

- Betriebsabrechnungsbogen (d. h. eine tabellarische Kostenstellenrechnung, mit deren Hilfe Gemeinkosten den relevanten Kostenstellen zugeordnet werden)
- Gemeinkostenschlüssel für die Zuordnung von Unternehmenskosten zum Stromnetzbereich
- im Rahmen der Kostenstellenrechnung (Kapitel 7) verwendete Schlüssel
- Höhe der Entgelte für dezentrale Einspeisung (Kapitel 11.13) inkl. des Teilbetrags, der auf EEG-Anlagen entfällt und im Rahmen der EEG-Wälzung relevant ist
- Absatzstruktur des Netzes (Kapitel 8), u. a. Anzahl der Entnahmestellen, zeitgleiche Jahreshöchstlast, Abgabemengen an Letztverbraucher und nachgelagerte Ebenen sowie zeitungleiche Jahreshöchstleistungen der RLM-Kunden. Diese Angaben sind für jede Netz- und Umspannebene zu tätigen.

Außerdem ist dem Bericht ein vollständiger Prüfungsbericht des Wirtschaftsprüfers zum Jahresabschluss beizufügen. Der Bericht muss zehn Jahre lang aufbewahrt werden.

Der Gesetzgeber beschreibt nicht, welche Angaben in welcher Version des Berichts (Netzentgeltkalkulation, Kostenprüfung) gefordert sind. Jedoch soll der Bericht einen sachkundigen Dritten in die Lage versetzen, ohne weitere Informationen die Ermittlung der Netzentgelte vollständig nachzuvollziehen. Manche der geforderten Angaben erübrigen sich im Bericht, weil die Behörden für die Anpassung der Erlösobergrenze oder die Kostenprüfung Erhebungsbögen vorgeben, die die betreffenden Informationen in strukturell einheitlicher Form erheben. Im Zusammenhang mit dem jährlichen Bericht fordern die Behörden auch die Übermittlung einer Verprobungsrechnung (Kapitel 13).

15 Abrechnung der Netzentgelte

Auf der Grundlage des standardisierten Lieferantenrahmenvertrags bzw. Netznutzungsvertrags (Kapitel 2.1) stellt der Netzbetreiber seine Netzentgelte dem Lieferanten in Rechnung. Der Vertrag regelt auch Einzelheiten der Abrechnung. Die Bundesnetzagentur hat ihn auf ihrer Internetseite veröffentlicht (www.bundesnetzagentur.de).

Abrechnungsobjekt der Netznutzung ist die sogenannte Marktlokation des Kunden (MaLo; alte Bezeichnung: Entnahmestelle oder Zählpunkt). Sie ist das für den Netzzugang relevante Objekt, an dem Energie entweder erzeugt oder verbraucht wird. Auch die Lieferanten rechnen gegenüber den Letztverbrauchern die Marktlokation ab. Üblicherweise wird die Energiemenge einer Marktlokation aus Messwerten einer einzigen Messeinrichtung ermittelt. Der Ort der Messung wird als Messlokation (MeLo) bezeichnet. In Ausnahmefällen werden mehrere Messeinrichtungen oder auch gar keine Messeinrichtung benötigt. In diesen Fällen setzt der Netzbetreiber Rechen- oder Schätzverfahren zur Energiemengenermittlung ein. Jede Marktlokation hat eine Marktlokations-Identifikationsnummer (MaLo-ID).

Alle Kunden werden grundsätzlich jährlich abgerechnet. Bei SLP-Kunden legt der Netzbetreiber den Abrechnungszeitraum fest. Viele Netzbetreiber verteilen die Ablesezeitpunkte ihrer SLP-Kunden gleichmäßig über das Jahr (sogenannte rollierende Ablesung). Sie richten den Abrechnungszeitraum des Kunden am Ablesetermin aus. Bei RLM-Kunden ist der Abrechnungszeitraum das Kalenderjahr.

Neben den Jahresendrechnungen gibt es monatliche Abschlagsrechnungen sowie unterjährige Abrechnungen bei Lieferantenwechsel oder auf Wunsch des Lieferanten. Die Abschlagsrechnungen erfolgen bei SLP-Kunden auf Basis einer Jahresverbrauchsprognose. Bei RLM-Kunden liegt die tatsächlich entnommene Arbeit am Monatsende als Messwert vor und wird abgerechnet. Die Jahreshöchstleistung steht jedoch erst am Jahresende fest. Üblicherweise wird unterjährig die höchste bislang im laufenden Jahr aufgetretene Leistung der Abschlagsrechnung zu Grunde gelegt.

Dieses Verfahren wird auch bei einem unterjährigen Lieferantenwechsel angewendet. Damit kann es vorkommen, dass einem Lieferanten eine Jahreshöchstleistung in Rechnung gestellt wird, die nicht in seinen Lieferzeitraum fällt. Dies wird im Bild 15-1 veranschaulicht. Da der Lieferant B keinen Zugriff auf den abrechnungsrelevanten Leistungswert $P_{max\ Kunde}$ hat, wird dieser Leistungswert vom Netzbetreiber zusätzlich übermittelt.

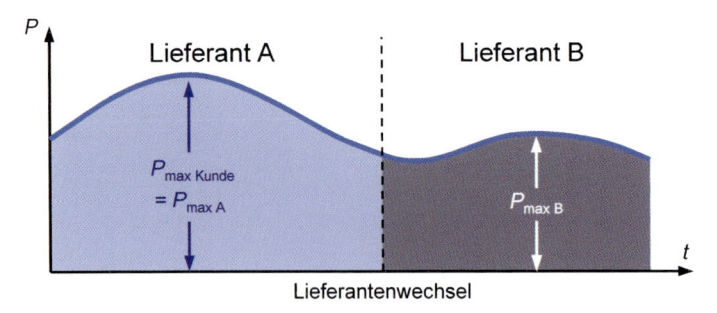

Bild 15-1 Unterjähriger Lieferantenwechsel von Lieferant A zu Lieferant B, Jahreshöchstleistung des Letztverbrauchers im Zeitraum A

Die Rechnungsstellung und -bearbeitung ist ein weitgehend automatisierter Massenprozess, da für jeden Letztverbraucher und jeden Monat mindestens eine Rechnung zu stellen ist. Der Geschäftsprozess wurde von der Bundesnetzagentur deutschlandweit einheitlich festgelegt (BNetzA 2006). Er ermöglicht den direkten Datenaustausch der IT-Systeme des Netzbetreibers mit denen des Lieferanten.

Der Rechnungsstellungsprozess besteht aus mehreren Einzelschritten:

- Der Netzbetreiber übermittelt dem Lieferanten einen Lieferschein, der die relevanten Energiemengen und Höchstleistungen enthält.
- Der Lieferant quittiert den Lieferschein durch Annahme oder Ablehnung. Bei Ablehnung folgen weitere Abstimmungen, bis die abzurechnende Menge feststeht.
- Der Netzbetreiber versendet die eigentliche Rechnung.
- Der Lieferant quittiert die Rechnung durch Annahme oder Ablehnung. Eine Annahme gilt als Zahlungsavis.
- Im Fehlerfall storniert der Netzbetreiber die Rechnung und übermittelt eine neue Rechnung.

Jeder dieser Schritte erfolgt durch eine elektronische Nachricht in dem maschinenlesbaren Datenaustauschformat EDIFACT.

In Zukunft wird es das Preisblatt Netznutzung voraussichtlich auch in maschinenlesbarer Form geben. Die Bundesnetzagentur beabsichtigt, entsprechende Verpflichtungen in ihre Festlegungen zur der elektronischen Marktkommunikation aufzunehmen.

Die Kosten der Netznutzungsabrechnung werden von den allgemeinen Netzentgelten gedeckt. Separate Abrechnungsentgelte gibt es nicht (mehr).

16 Vergleich der Kalkulation Strom mit Gas

Für Verteilnetze gibt es aufgrund des teilweise übereinstimmenden Rechtsrahmens strukturelle Ähnlichkeiten zwischen der Netzentgeltkalkulation Gas und der Kalkulation im Strombereich. Die praktische Kalkulation unterscheidet sich dennoch in einigen Aspekten deutlich. Manche Unterschiede sind technisch oder auch historisch bedingt. Zu beachten ist, dass für vergleichbare Sachverhalte teilweise unterschiedliche Begriffe verwendet werden (siehe Tabelle 16-1). Dieses Kapitel gibt einen Überblick über Gemeinsamkeiten und Unterschiede.

Tabelle 16-1 Kleine Übersetzungshilfe Netzentgelte Strom vs. Gas für ähnliche Sachverhalte

Strom	Gas (örtliche Verteilnetze)
Stromnetzentgeltverordnung (StromNEV)	Gasnetzentgeltverordnung (GasNEV)
Netznutzer	Transportkunde
Übertragungsnetzbetreiber	Fernleitungsnetzbetreiber
Netzebenen Hoch-/Mittel-/Niederspannung	Druckstufen Hoch-/Mittel-/Niederdruck (Ortstransportleitungen und Ortsverteilnetz)
Transformator	Gasdruckregler, ggf. Verdichter
Kostenwälzung	Entgeltwälzung, Netzpartizipation

Struktur der Netze

Analog zum Strombereich unterscheidet man Fernleitungsnetzbetreiber (FNB) und Verteilnetzbetreiber (VNB). Technisch gesehen gibt es eine dem Stromnetz vergleichbare Netzhierarchie: Analog zu Hoch-, Mittel- und Niederspannungsnetzen bestehen im Gasbereich Hoch-, Mittel- und Niederdrucknetze (Abkürzungen HD, MD, ND), die durch Gasdruckregelstationen miteinander verbunden sind („Umspannebenen"). Hinsichtlich der Netzentgelte sind diese Strukturen aber von geringer Bedeutung. Das Netzentgelt eines Letztverbrauchers ist nicht abhängig von der Druckebene seines Anschlusses. Häufig werden beispielsweise auch Haushaltskunden über geeignete Druckregler an vorhandene Mitteldruckleitungen angeschlossen. Das Netzentgelt differenziert stattdessen nach der Höhe der Netzbeanspruchung.

Messwesen

Wie im Strombereich existieren registrierende Lastgangmessungen für Großkunden mit mehr als 1,5 Mio. kWh Jahresverbrauch bzw. über 500 kWh/h Jahreshöchstleistung. Für mittlere und kleine Kunden setzt der Netzbetreiber reine Arbeitsmessungen ein (SLP-Kunden). Den intelligenten Messstellenbetrieb gibt es im Gasbereich nicht. Allerdings werden Gaszähler künftig vermehrt in intelligente Messeinrichtungen eingebunden.

Gasmesseinrichtungen messen in der Regel keine Energie, sondern das transportierte Gasvolumen in Kubikmeter. Erst unter Berücksichtigung des aktuellen Brennwerts, d. h. des spezifischen Energiegehalts, und weiterer Parameter ermittelt der Netzbetreiber aus dem Volumen die zugehörige Energiemenge in Kilowattstunden. Bei der Umrechnung sind detaillierte Vorgaben des DVGW-Arbeitsblatts Gasabrechnung (G 685) zu beachten.

Netzzugangsmodell

Wie im Strombereich gibt es einen virtuellen Handelspunkt. Es kommen zwei unterschiedliche Netzentgeltsysteme zur Anwendung.

Das sogenannte Entry-/Exit-Modell gilt für Fernleitungsnetzbetreiber und einige große Verteilnetzbetreiber. Hier werden Entgelte für Einspeisung und Entnahme fällig. Abrechnungsrelevant ist die jeweils beanspruchte Netzkapazität. Die Kapazität ist die höchste in einem festgelegten zukünftigen Zeitraum (zum Beispiel Jahr) benötigte Stundenleistung. Bei einer Überschreitung der gebuchten Kapazität wird der tatsächliche Wert der Überschreitung zusätzlich abgerechnet. Das Einspeiseentgelt wird vom Transportkunden entrichtet, nicht vom Einspeiser. Es vergütet den Gastransport von Importpunkten, Speichern und Produktionsstätten zum virtuellen Handelspunkt.

Die meisten Verteilnetzbetreiber gelten als „örtliche Verteilnetzbetreiber" und wenden ein transaktionsunabhängiges Punktmodell an (§ 18 GasNEV). Das Modell entspricht dem Strombereich mit einem Netzentgelt nur für Entnahme, das für die gemessene Jahresarbeit und die Jahreshöchstleistung zu zahlen ist. Dieses Entgelt vergütet den Gastransport vom virtuellen Handelspunkt bis zur Entnahmestelle. Analog zur Kostenwälzung im Strombereich gibt es eine Entgeltwälzung und die Berücksichtigung vorgelagerter Netzkosten bei der Kalkulation.

Kostenartenrechnung und Anpassung der Erlösobergrenze

Die gesetzlichen Maßgaben für die Kostenartenrechnung und die Anpassung der Erlösobergrenze sind überwiegend identisch bzw. in unterschiedlichen Verordnungen wortidentisch geregelt. Spartenspezifische Unterschiede gibt es beispielsweise bei der Untergliederung der dauerhaft nicht beeinflussbaren Kosten.

Kostenstellenrechnung

Die Kostenstellenstruktur ist ähnlich der im Strombereich (Tabelle 7-1): Es gibt 7 Haupt- und 19 Nebenkostenstellen (Anl. 2 GasNEV). Die Hauptkostenstellen sind nach Druckbereich gegliedert. Allerdings ist diese Gliederung für die Aufteilung der Erlösobergrenze kaum relevant. Wesentlich für örtliche Verteilnetze ist die Unterscheidung nach Ortstransportleitungen und Ortsverteilnetz. Diese Differenzierung erfolgt nicht nach Betriebsdruck, sondern nach funktionaler Einordnung der Netzleitungen anhand von Lastflussbetrachtungen. Örtliche Verteilnetzbetreiber müssen die vorgenannten Kostenstellen zusätzlich differenzieren nach Ortstransportleitungen und Ortsverteilnetz (§ 12 GasNEV). Die Aufteilung der Erlösobergrenze erfolgt dann letztlich auf die Kostenstellen Ortstransportleitungen, Ortsverteilnetz, Messstellenbetrieb und Messung.

Ermittlung des Mengengerüstes

Das Mengengerüst für Gasnetze ist strukturell einfacher als das für Stromnetze. Eine Differenzierung nach Druckstufen wird nicht vorgenommen. Auch eine Aufteilung der Kunden nach Anschluss an den Ortstransportleitungen und dem Ortsverteilnetz ist nicht erforderlich. Dezentrale Einspeisungen sind selten. Netzverluste sind so gering, dass sie üblicherweise vernachlässigt werden. Auch die Separierung von Mengen für Sonderentgelte entfällt fast vollständig.

Aufwändiger ist die Prognose der Letztverbraucher, denn der Gasverbrauch ist stark witterungsabhängig. Historische Verbrauchsdaten werden deshalb vor der Übernahme in die Prognoserechnung üblicherweise temperaturbereinigt. RLM- und SLP-Kunden werden zwecks Kalkulation in mehreren verbrauchsabhängigen Gruppen zusammengefasst.

Kostenwälzung, Kostenträgerrechnung

Der Begriff der Kostenwälzung wird vom Gesetzgeber im Gasbereich nicht verwendet. Es gibt aber mit der Kostenwälzung Strom vergleichbare Mechanismen im Gasbereich. Der Netzbetreiber berücksichtigt vorgelagerte Netzkosten im Rahmen der sogenannten Entgeltwälzung. Damit ist die Wälzung von Netzbetreiber zu Netzbetreiber gemeint. Außerdem kommt in örtlichen Verteilnetzen das sogenannte Netzpartizipationsmodell zur Anwendung.

Die Ortstransportleitungen sind dem Ortsverteilnetz vorgelagert. Man geht davon aus, dass alle Kunden die Ortstransportleitungen nutzen. Die Nutzung des Ortsverteilnetzes hingegen wird bei der Kalkulation vom Umfang der Netzinanspruchnahme abhängig gemacht: Je höher die Entnahme, desto geringer der zugerechnete Anteil. Netzpartizipation bedeutet die anteilige Nutzung des Ortsverteilnetzes in Abhängigkeit von der Jahresarbeit und Jahreshöchstleistung des Kunden. Das Prinzip wird im Bild 16-1 dargestellt.

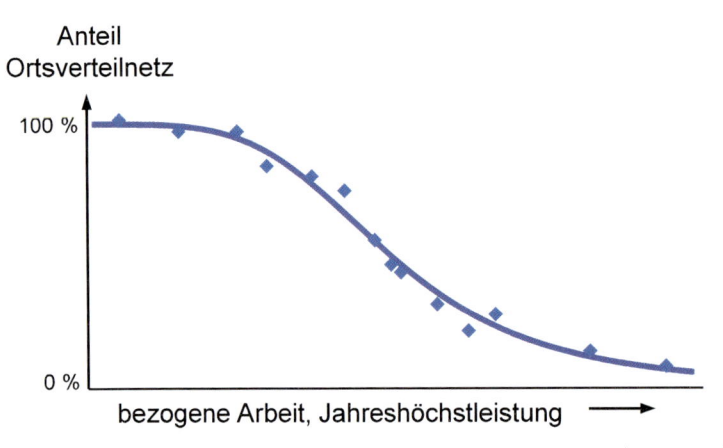

Bild 16-1 Netzpartizipationsfunktion zur Bestimmung des einem Kunden zuzurechnenden Anteils des Ortsverteilnetzes

Der Netzbetreiber legt für Jahresarbeit und Jahresleistung je eine Netzpartizipationsfunktion in Form einer Sigmoidkurve fest. Die Kurven sollten die Einzelwerte der Kunden möglichst gut widerspiegeln. Der hiermit verbundene Abgleich kann analog zum Abgleich der Gleichzeitigkeitsfunktion im Strombereich gesehen werden. Die Anwendung des Netzpartizipationsmodells wurde vom BGW detailliert beschrieben (BGW 2005).

Struktur der Netzentgelte

Wie im Strombereich gibt es für RLM-Kunden Leitungs- und Arbeitspreise sowie für SLP-Kunden Arbeits- und optional Grundpreise (§ 18 Abs. 3 und 4 GasNEV). Etwaige Grundpreise werden für Strom- und Gasnetzentgelte nach den gleichen Maßstäben bemessen. Die Netzpartizipationsfunktion führt dazu, dass Leistungs-, Arbeits- und etwaige Grundpreise mengenabhängig sind. Üblicherweise verwendet der Netzbetreiber hierfür Zonenpreissysteme, bei denen definierte Preise immer für festgelegte Teilmengen gelten. Die Zonenpreissysteme sind so gestaltet, dass der Durchschnittspreis mit wachsender Menge sinkt. Hinzu kommen Entgelte für Messstellenbetrieb und – anders als in Stromnetzen – separate Entgelte für Messung.

Sonderentgelte sind in Gasverteilnetzen seltener und weniger vielgestaltig als in Stromnetzen. In örtlichen Verteilnetzen kann der Netzbetreiber seinen Großkunden Entgelte zur Vermeidung eines Direktleitungsbaus anbieten (§ 20 Abs. 2 GasNEV). Für die Anwendung bestehen hohe Hürden. Deshalb kommen diese Entgelte nicht in allen Netzen vor. Daneben erhalten Transportkunden von Biogas Entgelte für vermiedene Netzkosten, sofern die Einspeisung dezentral im Netz des Netzbetreibers erfolgt (§ 20a GasNEV). Das Entgelt beträgt bundeseinheitlich 0,7 ct/kWh. Die betreffenden Kosten werden, anders als im Strombereich, nicht als dauerhaft nicht beeinflussbare Kosten eingestuft, sondern über die Biogas-Umlage bundesweit umgelegt.

Umlagen

Anders als in Stromnetzen gibt es im Gasbereich nur zwei bundesweite Umlagen: Die Marktraumumstellungsumlage (MRU-Umlage; § 19a EnWG) umfasst Netzkosten, die mit der erforderlichen Umstellung der Gasqualität von L-Gas auf H-Gas verbunden sind. In der Biogas-Umlage (§ 20b GasNEV) werden Mehrkosten des Netzbetreibers aus dem Anschluss und der Einspeisung von Biogasanlagen ins Netz berücksichtigt. Der Netzbetreiber zahlt die Umlagen an den vorgelagerten Netzbetreiber. Sie sind Bestandteil seiner Netzentgelte. Es erfolgt keine separate Abrechnung gegenüber den Kunden.

17 Beispielkalkulation

Die nachfolgende Kalkulation verfolgt den Zweck, die in diesem Buch beschriebenen komplexen Sachverhalte beispielhaft zu veranschaulichen. Grundlage ist ein fiktives Unternehmen mit realitätsnahen Zahlenwerten. Um den Kern der Kalkulation gut darstellen zu können und die Übersichtlichkeit zu wahren, wurde ein Netzbetreiber mit nur drei Ebenen unterstellt (Mittelspannung MS, Umspannung MS/NS und Niederspannung NS). In dem Netz gibt es keine dezentrale Einspeisung und auch keine Netzverluste. Auch wurde vereinfachend angenommen, dass keine Entgelte für Messstellenbetrieb und keine Sonderentgelte zu kalkulieren sind. Die Kalkulation konzentriert sich auf die Kostenwälzung, die Kostenträgerrechnung und die Verprobung der Netzentgelte. Das bedeutet, die Erlösobergrenze ist bereits angepasst und auf die Ebenen verteilt. Die Netznutzungspreise werden ohne Umsatzsteuer dargestellt.

Um die Kalkulationsschritte besser nachvollziehbar zu machen, wurden die Ergebnisse auf die dargestellte Genauigkeit gerundet. Bei einer realen Kalkulation wird in der Regel mit voller Genauigkeit gerechnet. Allenfalls die kalkulierten Preise würde man entsprechend der heute üblichen Veröffentlichungspraxis auf zwei Nachkommastellen runden. Erfolgt dies bereits während der Kalkulation, so verbleiben Rundungsdifferenzen: Abgleich je Ebene und Verprobung „gehen nicht auf". Das ist grundsätzlich hinnehmbar, wenn die Differenzen nur aus der Rundung resultieren. Alternativ erfolgt die Rundung der Netznutzungspreise ganz am Ende im Zuge der Übernahme der Zahlenwerte in das Preisblatt Netznutzung. Dann würde man die Rundungsdifferenzen in den Regulierungskontosaldo verschieben, wo sie angesichts der viel größeren Abweichungen bei der Mengenprognose keine praktische Rolle spielen.

Kalkulation der Mittelspannungsebene

Zunächst wird die Kalkulation der Mittelspannungsebene detailliert beschrieben. Sie ist in der Tabelle 17-1 dargestellt.

Tabelle 17-1 Kalkulation und Abgleich für das Mittelspannungsnetz

1	Briefmarke		Zahlenwerte		Erläuterung
2	Erlösobergrenzenanteil in €		12.000.000		bereinigt um Messstellenbetrieb und Sondererlöse
3	Wälzung aus vorgelagerter Ebene in €				Summe aus Zeile 20 der vorgelagerten Ebene (hier Null, weil höchste Ebene)
4	Erlöse der Ebene in €		12.000.000		Zeile 2 + Zeile 3
5	Jahreshöchstlast in kW		90.000		zeitgleiche Jahreshöchstlast der Ebene
6	Briefmarke in €/kW		133,33		Zeile 4 / Zeile 5
7	**Gleichzeitigkeit**		**y-Achse**	**Steigung**	
8	g_1(0 h) (gewählt)		0,090		frei wählbar zwischen 0 und 0,2
9	g(2.500 h) (berechnet)		0,670		Zielwertsuche, Minimierung von Zeile 25
10	$g_1(T)$ (< 2.500 h)		0,0900	0,0002320	Parameter der Gerade g_1
11	$g_2(T)$ (> 2.500 h)		0,5383	0,0000527	Parameter der Gerade g_2
12	**Preise und Erlöse**		**Leistung**	**Arbeit**	
13	Preise in €/kW ct/kWh	< 2.500 h	12,00	3,09	Zeile 10 · Zeile 6
14		> 2.500 h	71,77	0,70	Zeile 11 · Zeile 6
15	Menge in kW bzw. kWh	< 2.500 h	15.000	30.000.000	jeweils Summenenergie bzw. zeitungleiche Jahreshöchstleistung
16		> 2.500 h	20.000	80.000.000	
17		nachgelagerte Ebene	85.000	400.000.000	
18	Erlöse in €	< 2.500 h	180.000	927.000	Zeile 13 · Zeile 15
19		> 2.500 h	1.435.400	560.000	Zeile 14 · Zeile 16
20		nachgelagerte Ebene	6.100.450	2.800.000	Zeile 14 · Zeile 17
21	**Erlösabgleich**				
22	Erlöse RLM-Kd. in €		3.102.400		Summe Zeile 18 + Summe Zeile 19
23	Wälzung zur nachgelagerten Ebene in €		8.900.450		Summe Zeile 20, Übertrag in Zeile 3 der Umspannung MS/NS
24	Gesamterlöse in €		12.002.850		Zeile 22 + Zeile 23
25	Differenz zu „Erlösen der Ebene" in €		2.850		Zeile 24 − Zeile 4, Minimierung durch Variation von Zeile 9

In Zeile 6 wird die Briefmarke der Netzebene ermittelt. Ein Wälzungsbetrag aus der vorgelagerten Ebene (Zeile 3) ist hier ausnahmsweise nicht zu berücksichtigen, weil im Beispiel das Mittelspannungsnetz die höchste eigene Ebene des Netzbetreibers ist.

Zur Aufteilung der Briefmarke auf einen Leistungs- und einen Arbeitsanteil wird die Gleichzeitigkeitsfunktion ermittelt. Dieser Schritt muss iterativ gelöst werden, da zwei Parameter zu bestimmen sind, die über eine Funktion miteinander verknüpft sind. Das Prinzip ist im Bild 17-1 veranschaulicht.

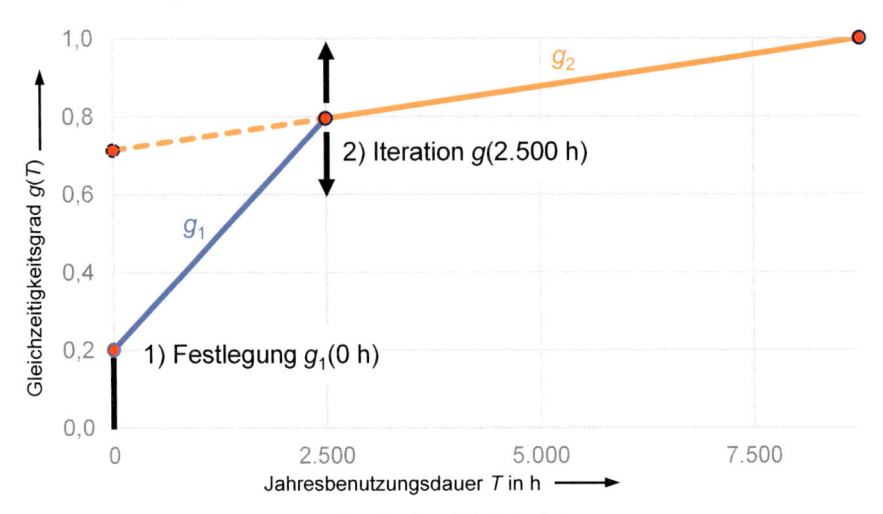

Bild 17-1 Schritte zur Bestimmung der Gleichzeitigkeitsfunktion

Zunächst wird in Zeile 8 der Startwert $g_1(0\ \text{h})$ des linken Geradenabschnitts auf einen Wert zwischen 0 und 0,2 festgelegt. Für die weitere Kalkulation muss auch der für beide Geradenabschnitte geltende Wert $g(2.500\ \text{h})$ in Zeile 9 vorläufig gewählt werden (z. B. auf 0,8), er wird später iterativ angepasst. Aus Basis dieser Werte erfolgt die vorläufige Berechnung der Geradenparameter (Zeilen 10 und 11) und der Arbeits- und Leistungspreise (Zeilen 13 und 14).

Anschließend erfolgt unter Berücksichtigung des Mengengerüsts (Zeilen 15–17) die Berechnung der vorläufigen Erlöse des Mittelspannungsnetzes (Zeilen 18–20). Dabei wird die Entnahme durch die nachgelagerte Ebene wie ein Letztverbraucher behandelt. Hierbei ist, abhängig von der Jahresbenutzungsdauer der nachgelagerten Ebene, auf die Wahl des korrekten Preissystems zu achten (üblicherweise größer 2.500 h). Der so ermittelte Wert entspricht dem Anteil der Erlösobergrenze Mittelspannungsnetz, der in die nachgelagerte Ebene gewälzt wird; er wird in die Zeile 3 der Spalte „Umspannung MS/NS" übertragen (siehe Tabelle 17-2).

In den Zeilen 22–25 wird der Gesamterlös Mittelspannungsnetz ermittelt und mit der Erlösobergrenze verglichen. Üblicherweise erhält man in der Zeile 25 zunächst eine beträchtliche Differenz, weil die Gleichzeitigkeitsfunktion noch nicht abgeglichen wurde (Kapitel 10.2). Dies erfolgt nun durch Variation des Knickpunkts und gegebenenfalls auch des Startwerts der Gleichzeitigkeitsfunktion (Zeilen 8 und 9). In der Tabellenkalkulation bietet sich hierfür die Zielwertsuche an. Wie bereits dargestellt, wird der Abgleich eventuell nicht vollständig gelingen, abhängig von einer etwaigen Rundung der Zwischenergebnisse.

Tabelle 17-2 Kostenwälzung, Kostenträgerrechnung und Erlösabgleich für alle drei Ebenen

Briefmarke		Mittelspannung		Umspannung MS/NS		Niederspannung	
Erlösobergrenzenanteil in €		12.000.000		4.000.000		10.000.000	
Wälzung aus vorgelagerter Ebene in €				8.900.450		10.774.600	
Erlöse der Ebene in €		12.000.000		12.900.450		20.774.600	
Jahreshöchstlast in kW		90.000		85.000		80.000	
Briefmarke in €/kW		133,33		151,77		259,68	
Gleichzeitigkeit		**Y-Achse**	**Steigung**	**Y-Achse**	**Steigung**	**Y-Achse**	**Steigung**
g_1(0 h) (gewählt)		0,090		0,080		0,050	
g(2.500 h) (berechnet)		0,670		0,735		0,609	
g_1(T) (< 2.500 h)		0,0900	0,0002320	0,0800	0,0002620	0,0500	0,0002236
g_2(T) (> 2.500 h)		0,5383	0,0000527	0,6295	0,0000423	0,4525	0,0000625
Preise/Erlöse RLM		**Leistung**	**Arbeit**	**Leistung**	**Arbeit**	**Leistung**	**Arbeit**
Preise in €/kW ct/kWh	< 2.500 h	12,00	3,09	12,14	3,98	12,98	5,81
	> 2.500 h	71,77	0,70	95,54	0,64	117,51	1,62
Menge in kW bzw. kWh	< 2.500 h	15.000	30.000.000	10.000	20.000.000	20.000	40.000.000
	> 2.500 h	20.000	80.000.000	10.000	40.000.000	20.000	100.000.000
	nachgelag. Ebene/SLP	85.000	400.000.000	90.000	340.000.000	200.000 (SLP-Kunden)	200.000.000 (SLP-Kunden)
Erlöse in €	< 2.500 h	180.000	927.000	121.400	796.000	259.600	2.324.000
	> 2.500 h	1.435.400	560.000	955.400	256.000	2.350.200	1.620.000
	nachgel. Ebene/SLP	6.100.450	2.800.000	8.598.600	2.176.000	2.596.000 (SLP-Kunden)	11.620.000 (SLP-Kunden)
Abgleich je Ebene		**Mittelspannung**		**Umspannung MS/NS**		**Niederspannung**	
Erlöse RLM-Kd. in €		3.102.400		2.128.800		6.553.800	
Wälzung zur nachgel. Ebene/SLP-Kd. in €		8.900.450		10.774.600		14.216.000 (SLP-Kunden)	
Gesamterlöse in €		12.002.850		12.903.400		20.769.800	
Differenz zu „Erlösen der Ebene" in €		2.850		2.950		4.800	

Kalkulation der nachfolgenden Ebenen

Mit der Umspannung MS/NS und dem Niederspannungsnetz wird nun entsprechend verfahren. Die Ergebnisse aller drei Ebenen sind in der Tabelle 17-2 dargestellt. Man erkennt die Übernahme der Wälzungsbeträge aus dem Bereich „Abgleich je Ebene" in den Kopf der jeweils nächsten Spalte. Im Bild 17-2 ist die Kostenwälzung aus der Tabelle 17-2 dargestellt.

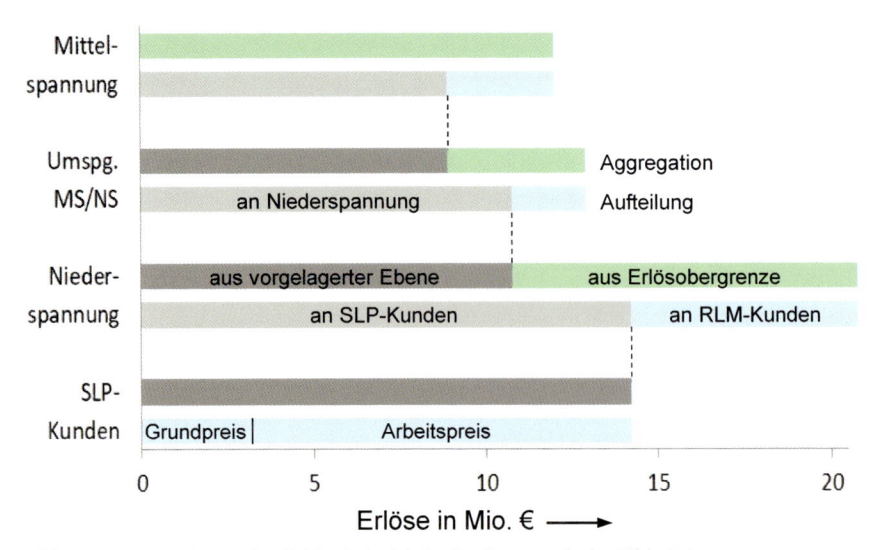

Bild 17-2 Kostenwälzung des Zahlenbeispiels in der Systematik des Bilds 9-1

Kalkulation der Preise für SLP-Kunden

Im Rahmen der Kalkulation für SLP-Kunden ist zunächst zu entscheiden, ob ein Grundpreis kalkuliert werden soll. Im Folgenden ist die Variante mit Grundpreis dargestellt (Tabelle 17-3).

Tabelle 17-3 Berechnung von Grund- und Arbeitspreis für SLP-Kunden

	Erlöse	Mengen	Preise
SLP-Kunden gesamt	14.216.000 €		
davon Grundpreis	3.000.000 €	60.000 Kunden	50,00 €/Kunde
davon Arbeitspreis	11.216.000 €	200.000.000 kWh	5,61 ct/kWh

Ausgangspunkt sind die auf SLP-Kunden entfallenden Erlöse. Sie wurden in der Tabelle 17-2 unter „Wälzungsbetrag" im Niederspannungsnetz ausgewiesen. Zur Berechnung muss neben der Jahresarbeit auch die Jahreshöchstleistung der Kundengruppe verwendet werden, hilfsweise unter Rückgriff auf die Benutzungsdauern aus Tabelle 8-3. Auf die Wahl des korrekten Preissystems ist zu achten. Im vorliegenden Fall sind dies die Preise für Entnahme kleiner 2.500 Benutzungsstunden.

Sofern gewünscht, legt der Netzbetreiber aufgrund seiner Überlegungen zum Angemessenheitskriterium einen Grundpreis fest. Hieraus berechnet er mithilfe der prognostizierten Kundenanzahl den Erlösanteil, der dem Grundpreis zuzuordnen ist. Die restlichen Erlöse entfallen dann auf den Arbeitspreis und werden zu dessen Ermittlung durch die voraussichtliche Abgabemenge geteilt.

Verprobung der Netzentgelte

Die Verprobung der Netzentgelte über alle Ebenen ist in der Tabelle 17-4 dargestellt. Aus der Tabelle 17-2 entnimmt der Netzbetreiber alle Erlöse von Letztverbrauchern sowie alle Erlösobergrenzenanteile. Die Summen werden verglichen. Sofern Zwischenergebnisse gerundet wurden, geht die Verprobungsrechnung üblicherweise nicht ganz auf.

Tabelle 17-4 Verprobungsrechnung für das Beispielnetz

Ebene	Erlöse der Kunden in Euro	Erlösobergrenze in Euro	Differenz in Euro
RLM Mittelspannungsnetz	3.102.400	12.000.000	
RLM Umspannung MS/NS	2.128.800	4.000.000	
RLM Niederspannungsnetz	6.553.800	10.000.000	
SLP Niederspannungsnetz	14.220.000		
Summe	**26.005.000**	**26.000.000**	**5.000**

Die Tabelle weist in den einzelnen Ebenen hohe Differenzen zwischen Kundenerlösen und Erlösobergrenzenanteilen auf. Diese Differenzen resultieren aus den bei der Verprobung nicht berücksichtigten Wälzungsbeträgen.

Plausibilisierung der Ergebnisse

Der Kalkulation sollte eine Plausibilisierung der Ergebnisse folgen. Das betrifft zum einen die sachlich konsistente Vorgehensweise, z. B. die vollständige Berücksichtigung der Daten bei Kalkulation und Verprobung (inkl. Sonderentgelte). Darüber hinaus hat es sich als sinnvoll erwiesen, die Netzentgelte für RLM-Kunden zusammenfassend in Form von Netzentgeltkurven darzustellen. Dazu ermittelt man die spezifischen Netzentgelte in Abhängigkeit der Benutzungsdauer der Entnahme. Für das Rechenbeispiel ist dies im Bild 17-3 dargestellt.

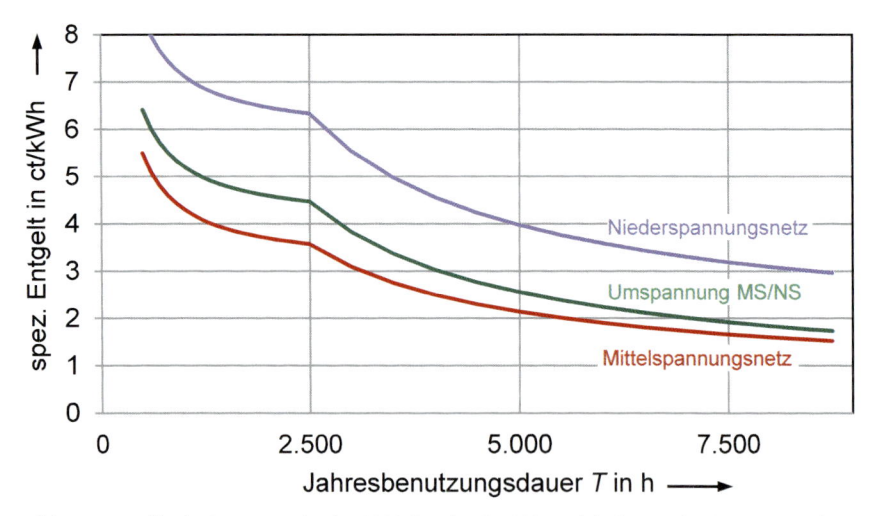

Bild 17-3 Spezifische Netzentgelte für RLM-Kunden in Abhängigkeit von der Benutzungsdauer

Die Kurven lassen sich einfach ermitteln, indem man den jeweiligen Leistungspreis durch die Benutzungsdauer teilt und den jeweiligen Arbeitspreis addiert. Charakteristisch ist ein Knick in jeder Kurve bei 2.500 h aufgrund des Wechsels in das Preissystem für Kunden über 2.500 Benutzungsstunden.

Die Netzentgeltkurven müssen für jede Ebene monoton fallend und bei 2.500 h stetig sein (Knick ja, Sprung nein). Außerdem dürfen sich die Kurven nicht schneiden: Für jede Benutzungsdauer sollten die Netzentgelte höherer Ebenen unter denen niedrigerer Ebenen liegen. Um dies bei gleichzeitiger Einhaltung des Abgleichskriteriums zu erreichen, ist evtl. eine Variation der Achsenabschnitte Gleichzeitigkeitsfunktionen oder – beim Bottom-up-Verfahren – der Annahmen zur Benutzungsdauer der SLP-Kunden zu prüfen.

18 Glossar

Maßgabe bei der Definition der Begriffe ist nicht wissenschaftliche Präzision, sondern eine möglichst gute allgemeine Verständlichkeit mit Bezug auf den Netzzugang Strom. Die exakten Definitionen sind oftmals deutlich komplexer. Das Glossar enthält neben einer Definition auch Verweise auf Definitionen oder relevante Passagen folgender Gesetze und Verordnungen:

- Energiewirtschaftsgesetz (EnWG)
- Messstellenbetriebsgesetz (MsbG)
- Kraft-Wärme-Kopplungsgesetz (KWKG)
- Stromnetzentgeltverordnung (StromNEV)
- Anreizregulierungsverordnung (ARegV)
- Niederspannungsanschlussverordnung (NAV)
- Stromgrundversorgungsverordnung (StromGVV)
- Verordnung zu abschaltbaren Lasten (AbLaV)
- Konzessionsabgabenverordnung (KAV).

Begriff	Erläuterung	§§
§19-Strom-NEV-Umlage	Umlage zur Finanzierung der Sonderentgelte → atypische und → stromintensive Netznutzung. Die Mindereinnahmen gegenüber dem regulären → Netzentgelt werden gleichmäßig über alle Netzbetreiber verteilt. Die Umlage wird vom → Netzbetreiber im Rahmen der Netznutzungsabrechnung erhoben.	§ 19 Strom-NEV
AbLaV	Abkürzung für → Verordnung zu abschaltbaren Lasten.	
Abschaltbare-Lasten-Umlage	Umlage zur Finanzierung der Vergütung abschaltbarer Lasten, die der → Übertragungsnetzbetreiber zur Aufrechterhaltung der Netz- und Systemsicherheit einsetzt. Die Kosten werden gleichmäßig über alle → Netzbetreiber verteilt. Die Umlage wird vom → Netzbetreiber im Rahmen der Netznutzungsabrechnung erhoben. Einzelheiten regelt die → Verordnung zu abschaltbaren Lasten.	§ 13 (6) EnWG, § 18 (1) AbLaV
Abzugskapital	Dem → Netzbetreiber zinslos zur Verfügung stehendes Kapital. Beispiele: Rückstellungen, erhaltene Vorauszahlungen, → Baukostenzuschüsse und → Netzanschlusskostenbeiträge. Bestandteil der → kalkulatorischen Bilanz.	§ 7 (2) Strom-NEV
AHK, AK/HK	gebräuchliche Abkürzungen für → Anschaffungs- und Herstellungskosten	

Begriff	Erläuterung	§§
Altanlage	Anlage, die vor dem Jahr 2006 aktiviert wurde. Gegenstück zu → Neuanlage. Bei Altanlagen werden → kalkulatorische Abschreibungen und → kalkulatorischer Restwert teilweise auf Basis von → Anschaffungs- und Herstellungskosten und teilweise auf Basis von → Tagesneuwerten ermittelt.	§ 6, 7 StromNEV
Anreizregulierung	Form der → Regulierung, bei der es zu einer zeitweiligen Entkopplung der zulässigen Erlöse (oder Preise) von den Kosten eines Unternehmens kommt. Zusätzliches Merkmal: Die Erlösvorgabe wird abhängig gemacht vom → Effizienzwert des Unternehmens. Hierdurch soll Wettbewerb zwischen den Unternehmen simuliert werden.	§ 21a (1) EnWG
Anreizregulierungsverordnung	Verordnung über die Anreizregulierung der Energieversorgungsnetze. Sie regelt die Details der → Anreizregulierung.	ARegV
Anschaffungs- und Herstellungskosten	Nach Errichtung einer Anlage erstmalig aktivierte, historische Kosten. Sie sind Ausgangspunkt für die Ermittlung → kalkulatorischer Abschreibungen und → kalkulatorischer Restwerte bei → Neuanlagen und teilweise bei → Altanlagen.	§ 6 StromNEV
AP	gebräuchliche Abkürzung für → Arbeitspreis	
Arbeit	Änderung der → Energie. Üblicherweise angegeben in → Kilowattstunden. Die Begriffe → Energie und Arbeit werden in der Praxis synonym verwendet. Die Arbeit ist abrechnungsrelevant im Rahmen der → Netznutzung.	
Arbeitspreis	Netznutzungspreis in Cent pro → Kilowattstunde, mit dem die entnommene → Arbeit des → Kunden bewertet wird.	§ 17 (2) StromNEV
ARegV	Abkürzung für die → Anreizregulierungsverordnung.	
atypische Netznutzung	Sonderfall der → Netznutzung, für den individuelle → Netzentgelte entrichtet werden. Der → Netznutzer hat in Zeiten der Netzhöchstlast einen niedrigen Leistungsbedarf. Die Mindereinnahmen gegenüber dem regulären → Netzentgelt werden gleichmäßig über alle → Netzbetreiber verteilt und über die → §19-StromNEV-Umlage finanziert.	§ 19 (2) StromNEV
aufwandsgleiche Kosten	Bestandteile der Netzkosten, die im Rahmen der → regulatorischen Kostenprüfung grundsätzlich unverändert aus den Aufwandspositionen der handelsrechtlichen Gewinn- und Verlustrechnung entnommen werden. Daneben gibt es → kalkulatorische Kosten.	§ 5 StromNEV
Ausgangsniveau	Auch (regulatorische) Kostenbasis genannt. Ergebnis der → regulatorischen Kostenprüfung und damit Basis für die Bestimmung der zulässigen Erlöse einer → Regulierungsperiode. Ausgehend von diesem Wert werden die → Erlösobergrenzen in den einzelnen Jahren festgelegt.	§ 6 ARegV

Begriff	Erläuterung	§§
Basisjahr	Kalenderjahr, dessen Jahresabschluss Grundlage für die → regulatorische Kostenprüfung ist. Auch „Fotojahr" genannt. Basisjahr für die vierte → Regulierungsperiode Strom ist das Jahr 2021.	§ 6 (1) ARegV
Baukostenzuschuss	Beitrag des Kunden zur Erstellung oder Verstärkung des dem Kundenanschluss vorgelagerten Netzes. Der Netzbetreiber passiviert den Betrag und löst ihn erfolgswirksam über 20 Jahre auf.	§ 11 NAV, § 5 StromNEV
beeinflussbare Kosten	„Ineffiziente Kosten", die sich aus dem → Effizienzwert des → Netzbetreibers ergeben. Sie sind dem → Netzbetreiber in voller Höhe zuzurechnen und von ihm entsprechend der → Erlösobergrenze abzubauen.	§ 11 (4) ARegV
Benutzungsdauer	Benutzungsdauer der Jahreshöchstlast (kurz: Jahresbenutzungsdauer oder Zahl der Benutzungsstunden). Quotient aus Jahresverbrauch und Jahreshöchstleistung. Entspricht der Stundenzahl, die erforderlich wäre, um den Jahresverbrauch bei konstanter Jahreshöchstleistung zu beziehen. Analog auch für Einspeisungen.	
betriebsnotwendiges Eigenkapital	Das betriebsnotwendige Eigenkapital ist Grundlage zur Ermittlung der → kalkulatorischen Eigenkapitalverzinsung. Es ergibt sich bei Aufstellung der → kalkulatorischen Bilanz als Restgröße aus den anderen Bilanzpositionen.	§ 7 (1) StromNEV
betriebsnotwendiges Vermögen	Bilanzsumme der → kalkulatorischen Bilanz. Häufig verwendete Abkürzung bnV. Das betriebsnotwendige Vermögen ist in der Regel größer als das handelsrechtliche Vermögen.	§ 7 (1) StromNEV
BKZ	gebräuchliche Abkürzung für → Baukostenzuschuss	
Blindleistung	Komponente der → Scheinleistung, die für den Auf- und Abbau elektrischer und magnetischer Felder erforderlich ist. Blindleistung transportiert im Mittelwert keine elektrische Energie. Die Energie fließt in schneller Abfolge hin und zurück.	
Blindstrommehrverbrauch	Über das übliche Maß hinausgehende Bezug von Blindstrom aus dem Netz. Dieser wird erforderlichenfalls durch spezielle Zähler erfasst und zusätzlich zur Netznutzung abgerechnet.	
bnEK	gebräuchliche Abkürzung für → betriebsnotwendiges Eigenkapital	
BNetzA	Abkürzung für → Bundesnetzagentur.	
bnV	gebräuchliche Abkürzung für → betriebsnotwendiges Vermögen	
Briefmarke	Quotient aus Netzkosten nach → Kostenwälzung und Jahreshöchstleistung der → Entnahme. Die Briefmarke wird vom → Netzbetreiber separat für jede → Ebene ermittelt. Sie stellt die zentrale Kalkulationsgröße für die → Netznutzungspreise dar.	§ 16 (1) StromNEV

Begriff	Erläuterung	§§
Bundesnetz-agentur	Wichtigste und größte → Regulierungsbehörde in Deutschland. Sie ist für die → Netzentgelte großer → Netzbetreiber zuständig und regelt darüber hinaus bestimmte Aspekte für alle → Netzbetreiber.	
CAPEX	Abkürzung für Capital Expenditure. Andere Bezeichnung für Kapitalkosten (→ kalkulatorische Abschreibungen, → kalk. Eigenkapitalverzinsung, Fremdkapitalzinsen und je nach Sichtweise auch die → kalk. Gewerbesteuer).	
dauerhaft nicht beeinflussbare Kostenanteile	Kostenanteile, die allein von Dritten oder exogen vorgegeben sind. Sie werden nicht bei der Ermittlung der → Effizienzwerte berücksichtigt. Die hierfür erlaubten Erlöse orientieren sich grundsätzlich an den Istkosten des → Netzbetreibers. Die → ARegV enthält eine abschließende Aufzählung dieser Kostenanteile.	§ 11 (2) ARegV
Deckelung	Durch Deckelung der Eigenkapitalquote wird das → betriebsnotwendige Eigenkapital in zwei Anteile zerlegt (→ Eigenkapital I und → Eigenkapital II), die unterschiedlich verzinst werden. Hierdurch wird die → kalkulatorische Eigenkapitalverzinsung bei Netzbetreibern mit hoher → kalkulatorischer Eigenkapitalquote nach oben begrenzt.	§ 6 (2) Strom-NEV
Direktleitung	Im Zusammenhang mit dem → Netzzugang eine vom → Lieferanten eigens zur Belieferung eines Kunden errichtete Leitung.	§ 3 Nr. 12 EnWG
dnbK, KA$_{dnb}$	gebräuchliche Abkürzungen für → dauerhaft nicht beeinflussbare Kosten	
Durchleitung	Umgangssprachlicher Begriff für → Netznutzung.	
Ebene	In diesem Buch Oberbegriff für → Netzebene und → Umspannebene.	
EEG-Anlage	Stromerzeugungsanlage, die nach dem Erneuerbare-Energien-Gesetz (EEG) gefördert wird.	
Effizienzbonus	Aufschlag auf die → Erlösobergrenze. Einen Effizienzbonus können nur zu 100 % effiziente → Netzbetreiber erhalten. Der Effizienzbonus gilt seit der 3. → Regulierungsperiode.	§ 12a ARegV
Effizienzwert	Ergebnis eines Effizienzvergleichs zwischen den Netzbetreibern. Zahlenwert zwischen 0 % und 100 %. Unternehmen mit 100 % Effizienz gelten als vollständig effizient. Niedrigere Werte stehen für mehr oder weniger ineffiziente Unternehmen. Ein Unternehmen mit einer Effizienz von 92 % hat eine Ineffizienz von 8 %.	§ 12 (1) (2) ARegV
Eigenkapital I	Anteil des → betriebsnotwendigen Eigenkapitals, das mit einem hohen Eigenkapitalzinssatz verzinst wird. Liegt die → kalkulatorische Eigenkapitalquote unter 40 %, so entspricht das Eigenkapital I dem → betriebsnotwendigen Eigenkapital, andernfalls nur dem Anteil bis zu einer Eigenkapitalquote von 40 %.	§ 7 (1) Strom-NEV

Begriff	Erläuterung	§§
Eigenkapital II	Andere Bezeichnung für das → überschießende Eigenkapital.	§ 7 (1) Strom-NEV
Eintarifzähler	Herkömmlicher, einfacher Haushaltszähler, der einmal im Jahr abgelesen wird. Üblich sind vielfach noch elektromechanische Zähler (sog. Ferraris-Zähler). Teilweise gibt es auch elektronische Haushaltszähler.	
EK I, EK II	gebräuchliche Abkürzungen für → Eigenkapital I bzw. → Eigenkapital II	
Energie	Juristisch betrachtet: Elektrizität und Gas. Im physikalischen Sinne Arbeitsvermögen, üblicherweise gemessen in → Kilowattstunden. Die Begriffe Energie und → Arbeit werden in der Praxis synonym verwendet.	§ 3 Nr. 14 EnWG
Energiewirtschaftsgesetz	Gesetz über die Elektrizitäts- und Gasversorgung. Es enthält grundlegende Maßgaben für die Strom und Gasversorgung in Deutschland ("Grundgesetz der Strom- und Gaswirtschaft").	EnWG
Entgelt für dezentrale Einspeisung	Zahlungen des → Netzbetreibers an dezentrale Einspeiser. Ursprünglich sollte das Entgelt strukturelle Nachteile aus dem in Deutschland implementierten → Netzzugangsmodell kompensieren.	§ 120 EnWG, § 18 Strom-NEV
Entnahme	Bezug aus dem Netz des → Netzbetreibers durch → Kunden oder eigene nachgelagerte → Ebenen.	§ 2 Nr. 6 StromNEV
Entnahmestelle	Veraltete Bezeichnung für die → Marktlokation eines → Letztverbrauchers.	§ 2 Nr. 6 StromNEV
EnWG	Abkürzung für → Energiewirtschaftsgesetz.	
EOG	gebräuchliche Abkürzung für → Erlösobergrenze	
Erlösobergrenze	Von der → Regulierungsbehörde vorgegebener höchster erlaubter Summenerlös aus Netzentgelten im betreffenden Jahr der → Regulierungsperiode. Auf Grundlage der Erlösobergrenze ermittelt der Netzbetreiber seine Netznutzungspreise. Abweichungen der tatsächlichen Erlöse von dieser Vorgabe werden nach Ablauf des betreffenden Jahres auf dem → Regulierungskonto erfasst.	§ 21a (2) EnWG, § 4 (1) ARegV
Festlegung	Besondere Form der Entscheidung einer Regulierungsbehörde. Die Entscheidung kann gegenüber einzelnen Netzbetreibern, Gruppen von Netzbetreibern oder allen Netzbetreibern erfolgen. Teilweise haben die Festlegungen den Charakter einer „Verordnung im Kleinen".	§ 29 EnWG
Fotojahr	Andere, inoffizielle Bezeichnung für → Basisjahr.	

Begriff	Erläuterung	§§
freiwillige Selbstverpflichtung	Verfahren gemäß → Anreizregulierungsverordnung. Dabei unterwirft sich der Netzbetreiber in einem bestimmten Bereich von der Regulierungsbehörde vorgegebenen Regelungen. Die zugehörigen Kosten werden im Gegenzug als → dauerhaft nicht beeinflussbar anerkannt.	§ 11 (2) ARegV
Gemeinderabatt	Gegenleistung, die neben der → Konzessionsabgabe in Konzessionsverträgen zwischen → Netzbetreiber und Gemeinde für die Nutzung öffentlicher Straßen zur Leitungsverlegung vereinbart werden darf.	§ 3 (1) Nr. 1 KAV
genereller sektoraler Produktivitätsfaktor	Element der → Regulierungsformel, das grundsätzlich zu einer Senkung der → Erlösobergrenze führt. Es tritt als allgemeine Effizienzsteigerungsvorgabe zur individuellen Vorgabe hinzu. Offizielle Bezeichnung ist PF_t.	§ 9 ARegV
gesetzliche Abgaben und Umlagen	Beträge, die der → Netzbetreiber neben dem → Netzentgelt vom → Netznutzer erhebt und üblicherweise auf dem → Preisblatt Netznutzung mit ausweist. Hierzu zählen die → KWKG-Umlage, die → §19-StromNEV-Umlage, die → Offshore-Netzumlage und die → Abschaltbare-Lasten-Umlage. Nicht vom → Netzbetreiber erhoben wird die EEG-Umlage.	
Gleichzeitigkeitsgrad	Zahlenwert zwischen 0 und 1, der für jeden → Netznutzer festlegt, mit welcher Wahrscheinlichkeit seine Jahreshöchstleistung einen hohen Beitrag zur Jahreshöchstlast der → Ebene leistet. Er steigt mit zunehmender → Jahresbenutzungsdauer des → Netznutzers. Der Gleichzeitigkeitsgrad wird vom → Netzbetreiber bei der Kalkulation der → Netznutzungspreise ermittelt.	§ 16 StromNEV
GP	gebräuchliche Abkürzung für → Grundpreis	
Grundpreis	→ Netznutzungspreis in Euro pro Monat oder Euro pro Jahr, der bei nicht leistungsgemessenen → Letztverbrauchern zusätzlich zum → Arbeitspreis zu entrichten ist. Die Kalkulation eines Grundpreises ist für den → Netzbetreiber optional.	§ 17 (6) StromNEV
Handelspunktkonzept	→ Netzzugangsmodell mit einem virtuellen Handelspunkt.	
Haushaltskunde	→ Letztverbraucher mit privatem Verbrauch oder einem Jahresverbrauch unter 10.000 Kilowattstunden.	§ 3 Nr. 22 EnWG
herkömmlicher Messstellenbetrieb	Messstellenbetrieb für alle → Messeinrichtungen außer → moderne Messeinrichtungen und → intelligente Messsysteme.	
HLZ	gebräuchliche Abkürzung für → Hochlastzeitfenster	
Hochlastzeitfenster	Zeiten einer grundsätzlich hohen Netzauslastung. Die Jahreshöchstlast der → Ebene fällt mit hoher Wahrscheinlichkeit in das Zeitfenster. Hochlastzeitfenster dienen der Kalkulation von → Netzentgelten für die → atypische Netznutzung.	(BNetzA 2013)

Begriff	Erläuterung	§§
Hochspannungsnetz	Eine der → Netzebenen und → Kostenstellen des Stromnetzes. Sie wird auch als Netzebene 3 bezeichnet. Die Betriebsspannung liegt zwischen 72,5 und 125 Kilovolt, typischerweise bei 110 Kilovolt.	
Höchstspannungsnetz	Eine der → Netzebenen und → Kostenstellen des Stromnetzes. Sie wird auch als Netzebene 1 bezeichnet und von Übertragungsnetzbetreiben betrieben. Die Betriebsspannung liegt oberhalb von 125 Kilovolt, typischerweise bei 220 bzw. 380 Kilovolt.	
HöS	Abkürzung für die → Netzebene → Höchstspannung.	
HS	Abkürzung für die → Netzebene → Hochspannung.	
iMS	Abkürzung für → intelligentes Messsystem.	
intelligentes Messsystem	→ moderne Messeinrichtung, die über ein Kommunikationsmodul (Smart-Meter-Gateway) in ein Kommunikationsnetz eingebunden ist.	§ 2 Nr. 7 MsbG
Jahresbenutzungsdauer	Anderer Begriff für → Benutzungsdauer der Jahreshöchstlast.	
Jahreshöchstleistung	Höchster Viertelstundenwert der → Leistung einer Einspeisung oder → Entnahme. Bei → Entnahmen spricht man auch von Jahreshöchstlast.	
Jahresverbrauchsprognose	Schätzung des Jahresstrombedarfs eines → Standardlastprofilkunden, in der Regel auf Basis des Vorjahresverbrauchs. Die Schätzung erfolgt durch den → Netzbetreiber.	§ 13 (1) StromNZV
Kalkulationsleitfaden	Unverbindliche Hilfestellung bei der Kalkulation von Netzentgelten. Kalkulationsleitfäden wurden in der Vergangenheit von Branchenverbänden entwickelt (VDEW, VDN, VKU) und geben Orientierung in Fragen, die der Gesetzgeber nicht konkret ausgestaltet hat.	
kalkulatorische Abschreibung	Bestandteil der → kalkulatorischen Kosten. Kalkulatorische Abschreibungen werden linear und auf Grundlage von vorgegebenen Nutzungsdauern ermittelt, die handelsrechtliche Nutzungsdauern übersteigen. Für → Altanlagen werden Abschreibungen teilweise auf Basis von → Tagesneuwerten angesetzt, ansonsten auf Basis von → Anschaffungs- und Herstellungskosten.	§ 6 StromNEV
kalkulatorische Bilanz	Grundlage für die Ermittlung des → betriebsnotwendigen Vermögens und des → betriebsnotwendigen Eigenkapitals. Sie unterscheidet sich von der handelsrechtlichen Bilanz im Wesentlichen durch Verwendung des → kalkulatorischen (statt handelsrechtlichen) Restwerts des Sachanlagevermögens auf der Aktivseite. Auf der Passivseite steht anstelle des bilanziellen Eigenkapitals das → betriebsnotwendige Eigenkapital.	

Begriff	Erläuterung	§§
kalkulatorische Eigenkapitalquote	Quotient aus → betriebsnotwendigem Eigenkapital und → betriebsnotwendigem Vermögen. Die kalkulatorische Eigenkapitalquote ist in der Regel größer als die handelsrechtliche Eigenkapitalquote und erfährt im Rahmen der Kalkulation eine → Deckelung auf den Wert 40 %.	§ 6 (2) StromNEV
kalkulatorische Eigenkapitalverzinsung	Bestandteil der → kalkulatorischen Kosten. Kalkulatorischer Unternehmensgewinn. Den hieraus gewährten Erlösanteilen steht in der Gewinn- und Verlustrechnung kein entsprechender Aufwand gegenüber, sodass die kalkulatorische Eigenkapitalverzinsung zu einem Bilanzgewinn führt, der an den Eigentümer des Unternehmens ausgeschüttet wird. Die kalkulatorische Eigenkapitalverzinsung wird durch Verzinsung des → betriebsnotwendigen Eigenkapitals unter Verwendung festgelegter Zinssätze ermittelt.	§ 7 StromNEV
kalkulatorische Gewerbesteuer	Bestandteil der → kalkulatorischen Kosten. Anteil des Unternehmergewinns, der die steuerliche Belastung aus Gewinnausschüttung beim Eigenkapitalgeber kompensieren soll. Die kalkulatorische Gewerbesteuer wird wie die normale Gewerbesteuer ermittelt, aber auf der Bemessungsgrundgrundlage der → kalkulatorischen Eigenkapitalverzinsung als Unternehmensgewinn.	§ 8 StromNEV
kalkulatorische Kosten	Bestandteile der Netzkosten, die im Rahmen der → regulatorischen Kostenprüfung berechnet werden. Hierzu zählen → kalkulatorische Abschreibungen, die → kalkulatorische Eigenkapitalverzinsung und die → kalkulatorische Gewerbesteuer. Neben den kalkulatorischen Kosten gibt es → aufwandsgleiche Kosten.	
kalkulatorischer Restwert	Wert des Sachanlagevermögens zum Bewertungsstichtag (in der Regel aus Basisjahr). Er wird in der Regel aus den → Anschaffungs- und Herstellungskosten (bei → Altanlagen teilweise aus den → Tagesneuwerten) ermittelt durch Abzug der bis zum Bewertungsstichtag anzusetzenden kumulierten → kalkulatorischen Abschreibungen.	§ 6, 7 StromNEV
Kapitalkostenabzug	Der Kapitalkostenabzug mindert die jährliche → Erlösobergrenze abhängig vom Wertverlust des Bestandsnetzes nach dem → Basisjahr. Die Abzugsbeträge werden durch Fortschreibung des Anlagevermögens vom → Basisjahr auf das betreffende Jahr der → Regulierungsperiode ohne Berücksichtigung von nach dem → Basisjahr getätigten Investitionen ermittelt.	§ 6 (3), Anl. 2a ARegV
Kapitalkostenaufschlag	Der Kapitalkostenaufschlag erhöht die jährliche → Erlösobergrenze abhängig vom Wertzuwachs des Bestandsnetzes nach dem → Basisjahr. Der Aufschlag wird auf Grundlage der nach dem → Basisjahr getätigten Investitionen ermittelt.	§ 10a ARegV

Begriff	Erläuterung	§§
Konzessions-abgabe	Gegenleistung, die in Konzessionsverträgen zwischen → Netzbetreiber und Gemeinde für die Nutzung öffentlicher Straßen zur Leitungsverlegung vereinbart wird. Der Netzbetreiber erhebt die Konzessionsabgabe beim Netznutzer und führt sie an die Gemeinde ab.	§ 48 EnWG, § 2 KAV
Kostenarten-rechnung	Sie verschafft einen Überblick darüber, wie hoch bestimmte Kostenanteile sind, die in gleicher Weise ausgeprägt sind. Beispiele für Kostenarten sind Personalkosten und Abschreibungen.	§§ 4-11 StromNEV
Kostenbasis	Auch regulatorische Kostenbasis genannt. Synonym zum → Ausgangsniveau.	
kostenmindernde Erlöse und Erträge	Erlöse oder Erträge, die nicht aus → Netznutzungsentgelten erzielt werden, sondern z. B. aus Nebengeschäften. Sie werden im Rahmen der → regulatorischen Kostenprüfung der Kostensumme gegengerechnet und mindern somit die Netzkosten.	§ 9 StromNEV
Kostenprüfung	Siehe → regulatorische Kostenprüfung.	
Kostenstellenrechnung	Sie gibt Auskunft darüber, wo Kosten angefallen sind. Die Kosten werden dabei aus Perspektive des → Netzbetreibers strukturiert.	§§ 12-14 StromNEV
Kostenträgerrechnung	Sie gibt Auskunft darüber, wofür Kosten angefallen sind. Die Kosten werden dabei aus Sicht der erbrachten Dienstleistungen strukturiert.	§§ 15-21 StromNEV
Kostenwälzung	Prinzip der anteiligen Kostenberücksichtigung einer → Netz- oder → Umspannebene in der nachgelagerten → Ebene. Maßgeblich für die Höhe des Kostenwälzungsbetrags ist die Höhe Entnahme der nachgelagerten → Ebene.	§ 14 StromNEV
Kraft-Wärme-Kopplungsgesetz	Gesetz für die Erhaltung, die Modernisierung und den Ausbau der Kraft-Wärme-Kopplung. Es enthält Maßgaben zur Förderung von Strom aus Kraft-Wärme-Kopplung, u. a. zum Verhältnis zwischen → Netzbetreiber und Einspeisern.	KWKG
Kunde	In diesem Buch werden → Letztverbraucher und → Weiterverteiler als Kunden bezeichnet. Durch ihre Stromentnahme fallen → Netzentgelte an.	
Kundenanlage	Im Verantwortungsbereich eines → Letztverbrauchers stehende Energieanlage. Dient der Abgrenzung zum Energieversorgungsnetz.	§ 3 Nr. 24a EnWG
kW	Abkürzung für Kilowatt, die Einheit der → Leistung. Relevant für die Abrechnung der → Netznutzung im Rahmen des → Leistungspreises.	
kWh	Abkürzung für Kilowattstunde, die Einheit der → Arbeit bzw. → Energie. Relevant für die Abrechnung der → Netznutzung im Rahmen des → Arbeitspreises.	

Begriff	Erläuterung	§§
KWKG	Abkürzung für → Kraft-Wärme-Kopplungsgesetz.	
KWKG-Umlage	Umlage zur Deckung von Mehrkosten aus dem → Kraft-Wärme-Kopplungsgesetz. Mehrkosten entstehen aus Vergütungspflichten der → Netzbetreiber gegenüber den KWK-Einspeisern. Sie werden über alle Netzbetreiber ausgeglichen und im Rahmen der Netznutzungsabrechnung erhoben.	§ 37 KWKG
Landesregulierungsbehörde	→ Regulierungsbehörde mit Zuständigkeit innerhalb eines Bundeslands. Besteht nicht in jedem Bundesland. Teilweise übernimmt die → Bundesnetzagentur die betreffenden Aufgaben neben ihrer bundesweiten Zuständigkeit.	
Lastgang	Gesamtheit der Leistungsmittelwerte, die über mehrere Abrechnungsperioden gemessen werden. Der Begriff wird gleichermaßen für Entnahme und Einspeisung verwendet. Bei Lastgängen über alle Abrechnungsperioden eines Jahres spricht man von Jahreslastgang. Lastgänge werden mit Lastgangzählern gemessen.	§ 2 Nr. 3 StromNZV
Lastprofil	Zeitreihe, die für jede → Abrechnungsperiode einen Leistungsmittelwert festlegt. Teilweise synonym verwendet für → Standardlastprofil.	§ 2 Nr. 4, 12 StromNZV
Leistung	Pro Zeiteinheit verrichtete → Arbeit, üblicherweise gemessen in Kilowatt. Wird "Leistung" sprachlich nicht näher spezifiziert, ist → Wirkleistung gemeint.	
Leistungsganglinie	Zeitreihe aus Leistungswerten. In diesem Buch Oberbegriff für → Lastgang und → Standardlastprofil. Oftmals vereinfachend auch nur „Ganglinie", z. B. bei „Summenganglinie"	
Leistungsfaktor	Umgangssprachliche Bezeichnung für den → Verschiebungsfaktor. Technisch betrachtet, ist der → Verschiebungsfaktor Bestandteil des Leistungsfaktors.	
Leistungspreis	→ Netznutzungspreis in Euro pro Kilowatt, mit dem die Jahreshöchstleistung des → Kunden bewertet wird. Der Preis kommt nur bei → RLM-Kunden und → Weiterverteilern zur Anwendung.	§ 17 (2) StromNEV
Letztverbraucher	Sie kaufen Strom und verbrauchen ihn selbst. Der Strom wird nicht an Dritte weiterverkauft.	§ 3 Nr. 25 EnWG
Lieferant	Unternehmen, das Strom vertreibt zur Belieferung von → Letztverbrauchern. Im Regelfall zahlt der Lieferant das → Netzentgelt für den → Letztverbraucher an den → Netzbetreiber.	§ 3 Nr. 19b EnWG, § 2 Nr. 5 StromNZV

Begriff	Erläuterung	§§
Lieferanten-rahmenvertrag	Vertrag zwischen → Lieferant und → Netzbetreiber. Massenkundentaugliche Variante des → Netznutzungsvertrags. Als Rahmenvertrag wird er über eine vorher nicht festgelegte Gruppe von Kunden geschlossen. Der Vertrag regelt die Abläufe, nach denen der → Netzbetreiber dem → Lieferanten Letztverbraucher zuordnet.	§ 20 (1a) EnWG, § 25 StromNZV
Lieferantenwechsel	Der Lieferantenwechsel ermöglicht das unterbrechungsfreie Wechseln eines → Letztverbrauchers an einer → Marktlokation von seinem aktuellen → Lieferanten zu einem neuen → Lieferanten.	§ 20a EnWG, § 14 StromNZV
Lieferjahr	Jahr, für das die → Netzentgelte kalkuliert werden oder für das das → Regulierungskonto ermittelt wird.	
LP	gebräuchliche Abkürzung für → Leistungspreis	
Marktlokation	Das für den → Netzzugang relevante Objekt, an dem → Energie entweder erzeugt oder verbraucht wird. Die Marktlokation ist Basis für die Energielieferung zwischen → Lieferant und → Letztverbraucher bzw. Erzeuger.	
Mengengerüst	Gesamtheit der zur Kalkulation erforderlichen energiewirtschaftlichen Daten jenseits von Eurowerten: → Arbeits- und → Leistungswerte, Anzahl von → Messeinrichtungen usw. Grundlage der → Arbeits- und → Leistungswerte ist eine Energiebilanz des Stromnetzes nach → Netz- und → Umspannebenen.	
Messeinrichtung	Messgerät, das allein oder in Verbindung mit anderen Messgeräten für die Gewinnung eines oder mehrerer Messwerte eingesetzt wird.	§ 2 Nr. 10 MsbG
Messstelle	Gesamtheit aller Mess-, Steuerungs- und Kommunikationseinrichtungen zur Erhebung, Verarbeitung und Übermittlung von Messdaten an → Zählpunkten eines Anschlussnutzers.	§ 2 Nr. 11 MsbG
Messstellen-betreiber	Verantwortlich für Installation, Betrieb und Instandhaltung von → Messeinrichtungen sowie die → Messung.	§ 3 Nr. 26a EnWG, § 2 Nr. 12 MsbG
Messstellen-betriebsgesetz	Gesetz über den Messstellenbetrieb und die Datenkommunikation in intelligenten Energienetzen. Es regelt den Betrieb und die Modernisierung von Messeinrichtungen und die Erhebung und Weitergabe von Messwerten.	MsbG
Messsystem	Messeinrichtung mit Möglichkeit der Fernablesung.	§ 2 Nr. 13 MsbG
Messung	die Erhebung von Messwerten (Ab- und Fernauslesung) aus der → Messeinrichtung, die Aufbereitung sowie die Weitergabe der Messwerte an die Berechtigten. Die Messung ist Bestandteil des Messstellenbetriebs.	§ 3 Nr. 26c EnWG

Begriff	Erläuterung	§§
Messwandler	Messwandler sind kleine Transformatoren. Sie übertragen Spannung oder Strom in einen kleineren Wertebereich, der von der → Messeinrichtung erfasst werden kann.	
Messwesen	Gesamtheit der Aufgaben rund um die Messung der Energie im Zusammenhang mit dem → Netzzugang.	
Mittelspannungsnetz	Eine der → Netzebenen und → Kostenstellen des Stromnetzes. Sie wird auch als Netzebene 5 bezeichnet. Die Betriebsspannung liegt zwischen 1 und 72,5 Kilovolt.	
mME	Abkürzung für → moderne Messeinrichtung.	
moderne Messeinrichtung	→ Messeinrichtung, die den tatsächlichen Elektrizitätsverbrauch und die tatsächliche Nutzungszeit widerspiegelt und über ein Kommunikationsmodul (Smart-Meter-Gateway) sicher in ein Kommunikationsnetz eingebunden werden kann.	§ 2 Nr. 15 MsbG
Monatsleistungspreis	Alternativer → Leistungspreis anstelle des üblichen Jahresleistungspreises. Wahloption für Letztverbraucher mit einem zeitlich begrenzten hohen Energiebedarf, dem in der übrigen Zeit ein deutlich geringerer oder kein Energiebedarf gegenübersteht.	§ 19 (1) StromNEV
MS	Abkürzung für die → Netzebene → Mittelspannung.	
MsbG	Abkürzung für → Messstellenbetriebsgesetz.	
Nebenzeit	Zeitraum außerhalb eines → Hochlastzeitfensters.	(BNetzA 2013)
Netzanschlusskostenbeitrag	Beitrag des Kunden zur Erstellung des zum Netz gehörenden Kundenanschlusses. Der Netzbetreiber passiviert den Betrag und löst ihn erfolgswirksam über 20 Jahre auf.	§ 9 NAV, § 5 StromNEV
Netzbetreiber	Unternehmen, das verantwortlich ist für die ordnungsgemäße Funktion von Netzen. Der Netzbetreiber übernimmt wichtige Aufgaben bei der Organisation des → Netzzugangs. Sein "Lohn" ist das → Netzentgelt.	§ 3 Nr. 2 EnWG
Netzebene	Bereich von Stromnetzen, in dem elektrische → Energie übertragen oder verteilt wird. Man unterscheidet die Netzebenen → Höchstspannung (Ebene 1), → Hochspannung (Ebene 3), → Mittelspannung (Ebene 5) und → Niederspannung (Ebene 7).	§ 2 Nr. 10 StromNEV
Netzentgelt	Kurzform für → Netznutzungsentgelt.	
Netznutzer	Netznutzer ist, wer Strom in ein Netz einspeist oder daraus entnimmt. Netznutzer ist im Regelfall der → Lieferant, in Einzelfällen auch der → Letztverbraucher.	§ 3 Nr. 28 EnWG
Netznutzung	Nutzung des Netzes eines → Netzbetreibers durch Dritte für den Transport von Strom. Synonym zu → Netzzugang. Veraltet bzw. umgangssprachlich "Durchleitung".	

Begriff	Erläuterung	§§
Netznutzungsentgelt	Gegenleistung für die → Netznutzung. Verkürzt auch "Netzentgelt". Es wird vom → Netznutzer an den → Netzbetreiber gezahlt.	§ 21 (1) EnWG
Netznutzungspreis	Preis zur Abrechnung des → Netznutzungsentgelts. Die Netznutzungspreise sind auf dem Preisblatt → Netznutzung zu finden, das jeder → Netzbetreiber veröffentlicht.	§ 17 Strom-NEV
Netznutzungsvertrag	Vertrag zwischen → Netznutzer und → Netzbetreiber. Der Vertrag erlaubt die Nutzung des Netzes einschließlich aller vorgelagerten Netze gegen Zahlung des → Netznutzungsentgelts.	§ 20 (1a) EnWG, § 24 StromNZV
Netzpartizipationsmodell	Modell für die Kalkulation der → Netzentgelte Gas. Grundgedanke ist anteilige Nutzung des → Ortsverteilnetzes durch die → Kunden abhängig von ihrem Jahresverbrauch und ihrer Jahreshöchstleistung.	
Netzreservekapazität	Wahlweise auch Reservenetzkapazität. Spezialprodukt des Netzbetreibers für Kunden mit Eigenerzeugung. Sie können sich durch Bestellung und Inanspruchnahme von Netzreservekapazität gegen erhöhte Netzentgelte für den Strombezug bei Erzeugungsausfall absichern.	§ 30 (1) Nr. 7 StromNEV
Netzübergang	Wechsel des Netzbetreibers für ein vorgegebenes (Teil-)Netz. Dies führt zu einem Übergang der Erlösobergrenze (bzw. eines Teils davon) vom alten auf den neuen Netzbetreiber.	§ 26 ARegV
Netzverlustenergie	→ Energie, die zum Ausgleich physikalisch bedingter Netzverluste erforderlich ist. Netzverluste erwärmen die Netzanlagen und führen dazu, dass weniger Energie aus dem Netz entnommen als eingespeist wird.	§ 2 Nr. 12 StromNZV
Netzzugang	Juristisch korrekte Bezeichnung für → Netznutzung. → Netzbetreiber stellen → Netznutzern ihre Netze zum Energietransport zur Verfügung und erhalten dafür ein → Netznutzungsentgelt.	§ 20–28a EnWG
Netzzugangsmodell	Fiktion, die beschreibt, wie eine einzelne → Netznutzung die Netze belastet und welche → Energiemengen sowie welche Kosten ihr zuzurechnen sind. Das Netzzugangsmodell entscheidet über die Höhe der → Netzentgelte und die zur Zahlung Verpflichteten.	
Neuanlage	Anlage, die im Jahr 2006 oder später aktiviert wurde. Gegenstück zu → Altanlage. Bei Neuanlagen werden → kalkulatorische Abschreibungen und → kalkulatorischer Restwert ausschließlich auf Basis von → Anschaffungs- und Herstellungskosten ermittelt.	§ 6, 7 Strom-NEV
Niederspannungsnetz	Eine der → Netzebenen und → Kostenstellen des Stromnetzes. Sie wird auch als Netzebene 7 bezeichnet. Die Betriebsspannung liegt unter 1 Kilovolt.	
NNE, NE	gebräuchliche Abkürzungen für → Netzentgelt	
NS	Abkürzung für die → Netzebene → Niederspannung.	

Begriff	Erläuterung	§§
Offshore-Netzumlage	Umlage zur Deckung von Kosten, die dem → Übertragungsnetzbetreiber aus Haftungsansprüchen der Betreiber von Windenergieanlagen auf See entstehen. Außerdem umfasst die Umlage Kosten aus der Verkabelung von Hochspannungsleitungen. Die Umlage wird gleichmäßig über alle → Netzbetreiber verteilt und von diesen im Rahmen der Netznutzungsabrechnung erhoben.	§ 17 f (5) EnWG
OPEX	Häufig verwendete Abkürzung für Operating Expenditure, d. h. Betriebskosten.	
Ortstransportleitung	Leitung mit Transportcharakter im Gasverteilnetz. Es erfolgt eine funktionale Abgrenzung zum → Ortsverteilnetz.	
Ortsverteilnetz	Alle Leitungen im Gasverteilnetz, die nicht → Ortstransportleitungen sind. Der Nutzungsumfang des Ortsverteilnetzes wird durch das → Netzpartizipationsmodell festgelegt.	
Pancaking	Netzanschlusskonstellation, bei der sich vor- und nachgelagerter → Netzbetreiber eine → Netzebene teilen. Unter bestimmten Voraussetzungen muss der vorgelagerte → Netzbetreiber für den nachgelagerten → Netzbetreiber ein individuelles → Netzentgelt ermitteln.	§ 14 (2) StromNEV
Pooling	Abrechnungsbezogene Zusammenfassung mehrerer → Entnahmestellen eines → Kunden im Netz des → Netzbetreibers. Dies reduziert die abrechnungsrelevante Jahreshöchstleistung.	§ 17 (2a) StromNEV
Preisblatt Netznutzung	Vom Netzbetreiber jährlich im Internet veröffentlichtes Dokument, das die Preise für Netznutzung und üblicherweise weitere im Zusammenhang mit der Netznutzung erhobene Preisbestandteile enthält.	§ 20 (1) EnWG, § 27 (1) StromNEV
Preisindex	Maßzahl, deren zeitliche Änderung die Preisentwicklung einer zugehörigen Gruppe von Produkten oder Dienstleistungen wiedergibt. Preisindexreihen werden z. B. vom Statistischen Bundesamt veröffentlicht. Ein Beispiel ist der → Verbraucherpreisindex.	§ 6a StromNEV
Qualitätselement	Auf- oder Abschlag auf die Erlösobergrenze, abhängig von der Versorgungsqualität des Netzbetreibers.	§ 19 ARegV
Referenzpreisblatt	Spezielles → Preisblatt Netznutzung des → Netzbetreibers, das für die Kalkulation der → Entgelte für dezentrale Erzeugung relevant ist und im Jahr 2017 zu veröffentlichen war. Die im Referenzpreisblatt enthaltenen Preise stellen Obergrenzen für die zugrunde zu legenden → Arbeits- und → Leistungspreise dar.	§ 120 (7) EnWG
Regelenergie	Energie, die vom → Übertragungsnetzbetreiber zum Ausgleich von Ungleichgewichten zwischen Ein- und Ausspeisung eingesetzt wird.	§ 2 Nr. 9, § 6-9 StromNZV

Begriff	Erläuterung	§§
registrierende Lastgangmessung	→ Messeinrichtung zur Messung von → Lastgängen. Zur Messeinrichtung gehört eine Datenfernübertragung. Diese Form der Messung war bislang obligatorisch für → Letztverbraucher mit einem Jahresverbrauch über 100.000 kWh. Sie wird nach und nach ersetzt durch → intelligente Messsysteme.	§ 2 Nr. 9 StromNEV
regulatorische Kostenprüfung	Verfahren vor Beginn einer → Regulierungsperiode, mit dem auf der Grundlage der Netzkosten des → Basisjahres das → Ausgangsniveau der → Erlösobergrenze festgelegt wird. Zur Kostenprüfung muss der → Netzbetreiber die Netzkosten des → Basisjahrs und in der Regel auch der Vorjahre nach den Regeln der → StromNEV aufbereiten.	§ 6 (1) ARegV
Regulierungsbehörde	Für die Abwicklung der → (Anreiz-)Regulierung zuständige Behörde. Abhängig von der Größe des → Netzbetreibers kann das die → Bundesnetzagentur oder die Landesregulierungsbehörde des betreffenden Bundeslandes sein. Auch kann das Land seine Befugnisse an die → Bundesnetzagentur übertragen (Organleihe). Dessen ungeachtet werden bestimmte Aspekte einheitlich von der → Bundesnetzagentur geregelt.	
Regulierungsormel	Formel zur Bestimmung der → Erlösobergrenze in einem vorgegebenen Jahr der → Regulierungsperiode. Alternativ als Erlösobergrenzenformel bezeichnet.	§ 7, Anl. 1 ARegV
Regulierungskonto	Vom → Netzbetreiber geführtes virtuelles Konto (kein Konto im Sinne der Buchhaltung), dessen Saldo von der → Regulierungsbehörde zu genehmigen ist. Auf dem Konto werden für jedes Jahr einer → Regulierungsperiode Abweichungen zwischen den zulässigen und den vom → Netzbetreiber erzielbaren Erlösen festgehalten. Der Saldo des Regulierungskontos wird durch entsprechende Anpassungen der → Erlösobergrenze in der Zukunft ausgeglichen.	§ 5 ARegV
Regulierungsperiode	Zeitraum der Entkopplung von Kosten und Erlösen. Zu jeder Regulierungsperiode gehört ein → Basisjahr, eine → regulatorische Kostenprüfung und eine Ermittlung der → Effizienzwerte. Die Regulierungsperiode dauert 5 Jahre.	§ 21a (3) EnWG, § 3 ARegV
RLM	Abkürzung für die → registrierende Lastgangmessung oder auch die Kundengruppe der mit registrierender Lastgangmessung gemessenen → Letztverbraucher.	
RLM-Zähler	Andere Bezeichnung für → registrierende Lastgangmessung.	
Scheinleistung	Gesamtleistung, bestehend aus den Komponenten → Wirkleistung und → Blindleistung. Die Scheinleistung ist maßgebend für die Dimensionierung der elektrischen Anlagen.	

Begriff	Erläuterung	§§
singulär genutztes Betriebsmittel	Betriebsmittel des → Netzbetreibers, das nur von einem einzigen → Netznutzer genutzt wird, zum Beispiel die Verbindungsleitung eines → Kunden mit dem Netz. Nutzt der → Netznutzer alle von ihm in einer → Ebene genutzten Betriebsmittel singulär, so werden diese Betriebsmittel gesondert kalkuliert	§ 19 (3) StromNEV
SLP	Abkürzung für das → Standardlastprofil oder die Kundengruppe der → Standardlastprofilkunden.	
Smart Meter Rollout	Kein rechtlich definierter Begriff. Gemeinhin versteht man darunter die Verpflichtung des → grundzuständigen Messstellenbetreibers für → moderne Messeinrichtungen und → intelligente Messsysteme, die vorgenannten Geräte nach einem gesetzlichen Zeitplan in seinem Zuständigkeitsbereich einzubauen.	
Speicherheizung	Heizungsanlage, die aus Strom erzeugte Wärme speichert und zeitversetzt zur Raumbeheizung bereitstellt. Speicherheizungen zählen zu den → steuerbaren Verbrauchern und sind keine → Stromspeicher.	
Sperrung	Unterbrechung des Strombezugs des → Letztverbrauchers durch den → Netzbetreiber im Auftrag Dritter. Hierfür stellt der → Netzbetreiber üblicherweise ein Entgelt in Rechnung, das auf dem → Preisblatt Netznutzung ausgewiesen wird.	§ 19 StromGVV
Standardlastprofil	→ Lastprofil, das aus repräsentativen Untersuchungen als für den Kunden charakteristisch eingestuft wird. Das Standardlastprofil liefert für jede → Abrechnungsperiode einen Leistungswert für Kunden, bei denen keine Leistungsmessung erfolgt. Der Begriff wird teilweise auch für Einspeiser verwendet.	§ 12 StromNZV
Standardlastprofilkunde	Mit → Standardlastprofil bilanzierter Kunde. Üblicherweise sind dies Kunden mit einem Jahresverbrauch unter 100.000 kWh.	
steuerbarer Verbraucher	Verbraucher, auf dessen Stromabnahme der → Netzbetreiber Einfluss nehmen kann. Damit ist ein netzdienlicher Einsatz der Verbraucher möglich, was ein reduziertes → Netzentgelt rechtfertigt. Beispiele: → Speicherheizungen, künftig auch Ladeeinrichtungen für Elektrofahrzeuge.	§ 14a EnWG
stromintensive Netznutzung	Sonderfall der Netznutzung bei Großverbrauchern (über 10 Mio. kWh) mit besonders gleichmäßiger Entnahme (wenigstens 7.000 Benutzungsstunden). Die Mindereinnahmen gegenüber dem regulären → Netzentgelt werden gleichmäßig über alle → Netzbetreiber verteilt und über die → §19-StromNEV-Umlage finanziert.	§ 19 (2) StromNEV (BNetzA 2013)
Stromnetzentgeltverordnung	Verordnung über die Entgelte für den Zugang zu Elektrizitätsversorgungsnetzen. Sie enthält Maßgaben zur Kostenkalkulation und zur Höhe und Struktur von → Netznutzungsentgelten Strom.	StromNEV
StromNEV	Abkürzung für die → Stromnetzentgeltverordnung.	

Begriff	Erläuterung	§§
Stromspeicher	Anlage, die dem Netz Strom entnimmt und später ganz oder teilweise wieder in das Netz einspeist. Die Speicherung selbst muss nicht elektrisch erfolgen. Für Stromspeicher gewährt der → Netzbetreiber ein individuelles Netzentgelt.	§ 19 (4) StromNEV
Tagesneuwert	Anschaffungswert zum jeweiligen Bewertungszeitpunkt. Bei der Bewertung ist die technische Entwicklung zu berücksichtigen. Tagesneuwerte werden aus den historischen → Anschaffungs- und Herstellungskosten mittels → Preisindizes ermittelt.	§ 6 (3) Strom-NEV
TOTEX	Abkürzung für Total Expenditure, d. h. Gesamtkosten eines Unternehmens. TOTEX = CAPEX + OPEX.	
Turnusablesung	Standardmäßige jährliche Zählerablesung bei einem → Standardlastprofilkunden. Die Ablesung muss nicht zum Jahreswechsel oder Ende des Geschäftsjahres des → Netzbetreibers erfolgen. Daneben gibt es Sonderablesungen z. B. bei einem Umzug.	
überschießendes Eigenkapital	Keine offizielle Bezeichnung. Andere Bezeichnung für Eigenkapital II. Anteil des → betriebsnotwendigen Eigenkapitals, das, soweit vorhanden, über einer → Eigenkapitalquote von 40 % liegt und mit einem niedrigen Eigenkapitalzinssatz verzinst wird.	§ 7 (1) Strom-NEV
Übertragungsnetzbetreiber	Er ist verantwortlich für Betrieb, Wartung und Ausbau des Übertragungsnetzes in einem bestimmten Gebiet. Zudem übernimmt er wichtige Aufgaben bei der Abwicklung gesetzlicher Abgaben und Umlagen.	§ 3 Nr. 10 EnWG
Umspannebene	Bereich eines Stromnetzes, der → Netzebenen verbindet. Hier wird mittels Transformatoren die Betriebsspannung angepasst. Man unterscheidet die Umspannebenen von Höchst- zu Hochspannung (Ebene 2), von Hoch- zu Mittelspannung (Ebene 4) und Mittel- zu Niederspannung (Ebene 6); sie sind zugleich → Kostenstellen.	§ 2 Nr. 12 StromNEV
Verbändevereinbarung	Vereinbarung zwischen den Verbänden der → Netzbetreiber und denen der → Netznutzer über Maßgaben des → Netzzugangs im Rahmen des → verhandelten Netzzugangs. Vereinbarungen gab es im Zeitraum von 1998 bis 2004. Wichtige Inhalte wurden anschließend in Gesetze und Verordnungen übernommen.	
Verbraucherpreisindex	Exakte Bezeichnung: Verbraucherpreisgesamtindex. Element der → Regulierungsformel, das grundsätzlich zu einer Anhebung der → Erlösobergrenze führt. Hierdurch soll berücksichtigt werden, dass sich während einer → Regulierungsperiode die Kosten des Netzbetreibers aufgrund der allgemeinen Preissteigerung erhöhen.	§ 8 ARegV

Begriff	Erläuterung	§§
vereinfachtes Verfahren	Wahloption für kleine → Netzbetreiber (unter 30.000 Stromkunden), das dem → Netzbetreiber einen verminderten Verwaltungsaufwand bereiten soll. Manche Elemente (unter anderem der Effizienzwert) werden pauschaliert, manche Ansätze entfallen.	§ 24 ARegV
Vermeidungsarbeit	Zwischenergebnis bei der Kalkulation des → Entgelts für dezentrale Einspeisung. Die Vermeidungsarbeit ist die → Energie, die aufgrund dezentraler Einspeisung in einer → Ebene nicht aus der vorgelagerten → Ebene bezogen wird.	§ 18 (2) StromNEV
Vermeidungsleistung	Zwischenergebnis bei der Kalkulation des → Entgelts für dezentrale Einspeisung. Die Vermeidungsleistung ist der Betrag, um den die zeitgleiche Jahreshöchstleistung der Stromentnahme einer → Ebene aus der vorgelagerten → Ebene aufgrund dezentraler Einspeisung absinkt.	§ 18 (2) StromNEV
vermiedene Netzentgelte	Branchenübliche Bezeichnung für das → Entgelt für dezentrale Einspeisung.	
Verordnung zu abschaltbaren Lasten	Verordnung über Vereinbarungen zu abschaltbaren Lasten. Sie regelt Maßgaben, nach denen der → Übertragungsnetzbetreiber abschaltbare Lasten zur Aufrechterhaltung der Netz- und Systemsicherheit akquirieren und vergüten darf, sowie die Finanzierung der entstehenden Kosten über die → Abschaltbare-Lasten-Umlage.	AbLaV
Verprobungsrechnung	Abgleich der zu erwartenden Erlöse im Folgejahr mit der angepassten → Erlösobergrenze. Die Verprobungsrechnung ist im Zusammenhang mit der Ermittlung der → Erlösobergrenze für das Folgejahr zu erstellen und bei der → Regulierungsbehörde einzureichen.	§ 17 (1) ARegV
Verschiebungsfaktor	Auch als Cosinus Phi (cos φ) bezeichnet. Er beschreibt das Verhältnis von → Wirkleistung zu → Scheinleistung.	§ 16 NAV
Verteilnetz	Netz zum regionalen oder lokalen Stromtransport zwecks Kundenbelieferung. Juristisch korrekte Bezeichnung: Verteilernetz. Manchmal auch als Verteilungsnetz bezeichnet.	§ 3 Nr. 37 EnWG
Verteilnetzbetreiber	Er ist verantwortlich für Betrieb, Wartung und Ausbau des → Verteilnetzes in einem bestimmten Gebiet und übernimmt wichtige Aufgaben im Zusammenhang mit dem → Netzzugang.	§ 3 Nr. 3 EnWG
virtueller Handelspunkt	Am → virtuellen Handelspunkt gilt Strom aus Handelssicht als eingespeist bzw. entnommen. Hier wird er auch gehandelt, z. B. über die Strombörse.	
VNB	gebräuchliche Abkürzung für → Verteilnetzbetreiber	

Begriff	Erläuterung	§§
volatile Kostenanteile	Anteil von → beeinflussbaren oder → vorübergehend nicht beeinflussbaren Kostenanteilen, soweit sie in ihrer Höhe von Jahr zu Jahr stark schwanken können und die → Regulierungsbehörde sie als volatil anerkannt hat. Die korrespondierenden Anteile in der → Erlösobergrenze werden zeitnah der tatsächlichen Kostenentwicklung angepasst.	§ 11 (5) ARegV
vorübergehend nicht beeinflussbare Kostenanteile	Kostenanteile, die gemäß Ergebnis des Effizienzvergleichs auch ein anderer effizienter Netzbetreiber hat, der die Versorgungsaufgabe des betreffenden Netzbetreibers vorfindet. Man erhält die Kostenanteile, in dem man von den Gesamtkosten die → dauerhaft nicht beeinflussbaren Kosten abzieht und das Ergebnis mit dem → Effizienzwert multipliziert.	§ 11 (3) ARegV
VPI	Abkürzung für → Verbraucherpreisindex.	
Wärmepumpe	Eine Wärmepumpe ist quasi ein rückwärts betriebener Kühlschrank. Mittels eines Elektromotors wird der Umgebung (Luft, Erdreich) Wärme entzogen und zur Raumbeheizung bereitgestellt. Wärmepumpen zählen zu den steuerbaren Verbrauchern.	
Weiterverteiler	Nachgelagerter → Netzbetreiber.	
Wirkleistung	Die für den Energietransport maßgebende Komponente der → Scheinleistung. Sie wird in der Regel einfach als → Leistung bezeichnet.	
wirksame Verfahrensregulierung	Sie liegt vor, wenn eine umfassende Regulierung des betreffenden Bereichs durch Entscheidung der → Regulierungsbehörde oder eine freiwillige Selbstverpflichtung des → Netzbetreibers erfolgt ist. Kosten des → Netzbetreibers aus wirksamer Verfahrensregulierung sind → dauerhaft nicht beeinflussbare Kostenanteile.	§ 11 (2) ARegV
X_{allg}, X_{gen}	gebräuchliche Abkürzungen für den → generellen sektoralen Produktivitätsfaktor	
zeitgleiche Jahreshöchstleistung	Bei mehreren Einspeisungen oder → Entnahmen die → Jahreshöchstleitung der Summenganglinie. Sie ist in der Regel niedriger als die → zeitungleiche Jahreshöchstleistung.	
zeitungleiche Jahreshöchstleistung	Kurzform für "zeitungleiche Summe der Jahreshöchstleistungen". Bei mehreren Einspeisungen oder → Entnahmen die Summe der → Jahreshöchstleistungen jeder einzelnen Einspeisung bzw. → Entnahme. Die einzelnen → Jahreshöchstleistungen treten üblicherweise zu unterschiedlichen Zeitpunkten auf.	
Zweitarifzähler	Zählertyp für → Standardlastprofilkunden. Er hat zwei Zählwerke, die abwechselnd laufen und den Strombezug zu unterschiedlichen Tageszeiten erfassen. Einsatzgebiete des Zählers sind vor allem → Speicherheizungen.	

Literaturverzeichnis

BDI u. a. (2001): Bundesverband der Deutschen Industrie – BDI; VIK Verband der Industriellen Energie- und Kraftwirtschaft; Verband der Elektrizitätswirtschaft – VDEW; Verband der Netzbetreiber – VDN; Arbeitsgemeinschaft regionaler Energieversorgungs-Unternehmen – ARE; Verband kommunaler Unternehmen – VKU: Verbändevereinbarung über Kriterien zur Bestimmung von Netznutzungsentgelten für elektrische Energie und über Prinzipien der Netznutzung

VDN (2002): Verband der Netzbetreiber – VDN – beim VDEW. Kommentarband. Umsetzung der Verbändevereinbarung über Kriterien zur Bestimmung von Netznutzungsentgelten für elektrische Energie und über Prinzipien der Netznutzung vom 13. Dezember 2001 (VV II +)

VKU (2005): Verband kommunaler Unternehmen – VKU. VKU-Umsetzungshilfe zur Ermittlung des Entgeltes für dezentrale Einspeisung

BGW (2005): Bundesverband der deutschen Gas- und Wasserwirtschaft (BGW). Netzentgeltermittlung nach dem Netzpartizipationsmodell für Betreiber von örtlichen Gasverteilnetzen; Praxisinformation P 2005/6, vorgelegt vom BGW-Arbeitskreis „Regulierung und Entgeltfindungsprinzipien"

BNetzA (2006): Bundesnetzagentur. Geschäftsprozesse zur Kundenbelieferung mit Elektrizität (GPKE). Anlage zum Beschluss BK6-06-009 vom 11.07.2006 (Die Anlage wurde durch spätere Beschlüsse in anderen Verwaltungsverfahren bereits mehrmals geändert.)

VDEW/VDN (2007): Verband der Elektrizitätswirtschaft – VDEW; Verband der Netzbetreiber – VDN – beim VDEW. Gesamt-Kalkulationsleitfaden zur Ermittlung von Netzentgelten; Kostenartenrechnung – Kostenstellenrechnung – Kostenträgerrechnung, 1. Auflage, Berlin

VDN (2007): Verband der Netzbetreiber – VDN – beim VDEW. Kalkulationsleitfaden § 18 StromNEV

VKU (2009): Verband kommunaler Unternehmen – VKU. Ergänzung zur VKU-Umsetzungshilfe zur Ermittlung des Entgeltes für dezentrale Einspeisung

BNetzA (2009): Bundesnetzagentur. Leitfaden zur Findung sachgerechter Sonderregelungen in den Fällen der Kostenwälzung nach § 14 Abs. 2 Satz 3 StromNEV

BNetzA (2013): Bundesnetzagentur. Beschluss im Verwaltungsverfahren zur Festlegung hinsichtlich der sachgerechten Ermittlung individueller Netzentgelte nach § 29 Abs. 1 und Abs. 2 EnWG i. V. m. § 19 Abs. 2 StromNEV und § 30 Abs. 2 Nr. 7 StromNEV in der Fassung des Art. 2 der Verordnung zur Änderung von Verordnungen auf dem Gebiet des Energiewirtschaftsrechts vom 14.08.2013 (BGBl I S. 3250) mit Wirkung ab dem 01.01.2014, Aktenzeichen BK4-13-739

BNetzA (2014): Bundesnetzagentur u. a. Gemeinsames Positionspapier der Landesregulierungsbehörden und der Bundesnetzagentur zur Auslegung von § 2 Nr. 11 und § 17 Abs. 2a StromNEV (Pooling) vom 14.11.2014

Mahn/Klügl (2019): Mahn, U.; Klügl, A. Netzzugang Strom – einfach erklärt, Berlin, Offenbach: VDE VERLAG, ISBN 978-3-8007-4740-5

BNetzA (2019): Beschluss vom 03.09.2019 im Missbrauchsverfahren aufgrund eines Antrags der Stadtwerke Erkrath GmbH gegen die Westnetz GmbH, Aktenzeichen BK8-19/03764-M1

RegK Bayern (2020): Regulierungskammer des Freistaates Bayern. Berechnungstool Kalkulation der vermiedenen Netzentgelte, Excel-Datei zum Download, www.regulierungskammer-bayern.de/veroeffentlichungen/, abgerufen am 17.05.2020

Mahn (2020): Mahn, U. Anreizregulierung – einfach erklärt, 2., überarb. u. erw. A., Berlin, Offenbach: VDE VERLAG, ISBN 978-3-8007-5141-9

Stichwortverzeichnis

A

AbLaV 111
Abrechnung 97
Abrechnungszeitraum 14, 97
Abschaltbare Lasten-Umlage 28, 111
Abschlagsrechnung 97
Abzugskapital 33, 111
Altanlage 33, 35, 112
Anreizregulierung 15, 30, 38, 112
Anreizregulierungsverordnung 14, 30, 112
Anschaffungs- und Herstellungskosten 33, 112
Arbeit 19, 112
Arbeitspreis 14, 26, 56, 61, 63, 112
ARegV 14, 111
Ausgangsniveau 15, 29, 39, 112

B

Basisjahr 15, 29, 32, 36, 113
Baukostenzuschuss 33, 38, 113
BDEW 31
Benutzungsdauer 21, 26, 47, 59, 61, 75, 113
betriebsnotwendiges Eigenkapital 33, 113
betriebsnotwendiges Vermögen 35, 113
Biogas 103
Biogas-Umlage 103
Blindleistung 27, 79, 113
Blindstrommehrverbrauch 78

Brennwert 100
Briefmarke 18, 29, 47, 56, 57, 113
Bundesnetzagentur 15, 49, 114

C

CAPEX 33, 114

D

Deckelung 34, 114
Direktleitung 75, 85, 103, 114
Durchleitung 13, 18, 114

E

EEG-Anlage 38, 96, 114
Effizienzbonus 37, 114
Effizienzwert 39, 114
Einspeiser 16, 24, 50, 68, 88
Einspeisung 18, 47
  dezentrale 38, 47, 67, 86, 115
Eintarifzähler 23, 27, 64, 115
Energie 19, 115
Energiewirtschaftsgesetz 14, 28, 111, 115
Entgeltwälzung 99, 102
Entnahme 13, 18, 26, 115
Entnahmestelle 70, 83, 96, 97, 115
Entry-/Exit-Modell 100
EnWG 111
Erlösobergrenze 15, 22, 29, 36, 44, 93, 115

F

Fernleitungsnetzbetreiber 99
Festlegung 15, 29, 37, 115
Fotojahr 15, 115
freiwillige Selbstverpflichtung 38, 116

G

G 685 100
Gasdruckregelstation 99
Gasdruckregler 99
Gasnetzentgeltverordnung 99
Gemeinderabatt 70, 116
genereller sektoraler Produktivitätsfaktor 37, 116
Gleichzeitigkeitsgrad 29, 47, 57, 61, 116
Grundpreis 14, 23, 26, 63, 116

H

Handelspunkt 17, 26, 53, 116, 128
Handelspunktkonzept 18, 116
Haushaltskunde 13, 116
Hochdrucknetz 99
Hochlastzeitfenster 72, 77, 95, 116
Hochspannungsnetz 43, 49, 55, 117
Höchstspannungsnetz 43, 55, 117

J

Jahresbenutzungsdauer 21, 117
Jahreshöchstleistung 21, 49, 63, 72, 97, 117
   zeitgleiche 22, 46, 49, 57, 83, 129
   zeitungleiche 22, 46, 57, 88, 129
Jahresverbrauchsprognose 97, 117

K

Kalkulationsleitfaden 31, 51, 117, 130
kalkulatorische Abschreibung 33, 117
kalkulatorische Bilanz 33, 117
kalkulatorische Eigenkapitalquote 34, 118
kalkulatorische Eigenkapitalverzinsung 33, 118
kalkulatorische Gewerbesteuer 33, 35, 118
kalkulatorischer Restwert 33, 118
Kapazität 100
Kapitalkostenabzug 37, 118
Kapitalkostenaufschlag 40, 118
Kompensationseinrichtung 80
Konzessionsabgabe 28, 38, 70, 96, 119
Konzessionsabgabenverordnung 28, 70, 111
Kosten
   aufwandsgleiche 32, 112
   kalkulatorische 33, 45, 118
Kostenanteile
   beeinflussbar 39, 113
   dauerhaft nicht beeinflussbar 37, 68, 114
   volatil 40, 129
   vorübergehend nicht beeinflussbar 39, 129
Kostenartenrechnung 32, 68, 119
kostenmindernde Erlöse 33, 119
Kostenprüfung 15, 29, 32, 96, 125
Kostenstellenrechnung 29, 43, 96, 119
Kostenträgerrechnung 29, 55, 119
Kostenwälzung 29, 53, 101, 119
Kraft-Wärme-Kopplungsgesetz 28, 89, 111, 119

Kunde 13, 23, 57, 119
Kundenanlage 26, 81, 119
KWKG 28, 111
KWKG-Umlage 28, 120

L

Landesregulierungsbehörde 15, 120
Lastgang 21, 50, 83, 120
Lastgangmessung
  registrierend 100
Lastgangzähler 23, 120
Leistung 19, 120
Leistungsfaktor 79, 120
Leistungspreis 14, 24, 26, 56, 61, 71, 120
Letztverbraucher 13, 16, 23, 47, 54, 120
Lieferant 13, 26, 97, 120
Lieferantenrahmenvertrag 13, 97, 121
Lieferantenwechsel 52, 97, 121
Lieferjahr 16, 29, 46, 68, 121

M

MaLo-ID 97
Marktlokation 97, 121
Marktlokations-Identifikationsnummer 66, 97
Marktraumumstellungsumlage 103
Mehrtarifzähler 23
Mengengerüst 46, 121
Mengenprognose 16, 48
Messeinrichtung 14, 22, 27, 51, 64, 121
  herkömmliche 22, 27, 52, 93, 116
  moderne 24, 52, 122
Messstelle 22, 41, 121
Messstellenbetreiber 22, 41, 121

Messstellenbetrieb 14, 22, 27, 43, 51, 56, 64
  intelligenter 24, 41, 52, 93, 100
Messstellenbetriebsgesetz 24, 111, 121
Messsystem 121
  intelligentes 24, 52, 117
Messung 23, 27, 64, 79, 121
Messwandler 27, 64, 122
Messwesen 22, 45, 46, 100, 122
Mitteldrucknetz 99
Mittelspannungsnetz 43, 49, 55, 122
Monatsleistungspreis 26, 71, 122
MsbG 111

N

NAV 111
Nebenzeit 73, 122
Netzanschlusskostenbeitrag 33, 38, 122
Netzbetreiber 13, 15, 17, 22, 122
Netzebene 16, 48, 51, 84, 122
Netzentgelt 13, 18, 26, 29, 57, 122
Netznutzer 13, 18, 66, 122
Netznutzung 87
  atypische 72, 77, 93, 112
  stromintensive 75, 93, 126
Netznutzungsentgelt 13, 123
Netznutzungsvertrag 14, 97, 123
Netzpartizipationsfunktion 102
Netzpartizipationsmodell 102, 123
Netzreservekapazität 26, 81, 123
Netzübergang 40, 48, 123
Netzverlustenergie 38, 40, 48, 50, 56, 123
Netzzugang 13, 16, 68, 123
Netzzugangsmodell 53, 86, 123
Neuanlage 33, 35, 123
Niederdrucknetz 99

Niederspannungsanschlussverordnung 111
Niederspannungsnetz 16, 26, 43, 49, 55, 63, 123

O

Offshore-Netzumlage 28, 124
OPEX 32, 124
Ortstransportleitung 101, 124
Ortsverteilnetz 101, 124

P

§19-StromNEV-Umlage 28, 111
Pancaking 54, 84, 124
Pooling 83, 124
Preisblatt 26, 29, 42, 124
Preisindex 33, 40, 124
Punktmodell 17, 100

Q

Qualitätselement 40, 124

R

Referenzpreisblatt 89, 124
registrierende Lastgangmessung 23, 27, 125
Regulierung 15, 38
Regulierungsbehörde 15, 29, 36, 66, 95, 125
Regulierungsformel 36, 125
Regulierungskonto 16, 31, 40, 41, 94, 125
Regulierungsperiode 15, 29, 36, 125
RLM-Kunde 24, 47, 64, 125
RLM-Zähler 23, 125

S

Scheinleistung 79, 125
Schlüssel 44, 65, 96
Sigmoidkurve 102
singulär genutztes Betriebsmittel 75, 126
SLP-Kunde 23, 26, 51, 56, 63, 97, 126
Smart Meter Rollout 24, 126
Speicherheizung 23, 26, 64, 69, 126
Sperrung 27, 126
Standardlastprofil 23, 51, 63, 126
Standardlastprofilkunde 23, 126
steuerbarer Verbraucher 69, 126
Straßenbeleuchtung 24, 43, 68
Stromgrundversorgungsverordnung 111
StromGVV 111
Stromnetzentgeltverordnung 28, 30, 32, 43, 53, 111, 126
StromNEV 111
Stromspeicher 26, 77, 127

T

Tagesneuwert 33, 35, 127
TOTEX 33, 127
Transportkunde 99
Turnusablesung 52, 64, 127

U

überschießendes Eigenkapital 35, 127
Übertragungsnetzbetreiber 17, 28, 55, 68, 127
Umspannebene 14, 16, 48, 127

V

Verbändevereinbarung 82, 127, 130
Verbraucherpreisindex 37, 127
vereinfachtes Verfahren 38, 128
Vermeidungsarbeit 88, 128
Vermeidungsleistung 88, 128
vermiedene Netzentgelte 86, 128
Verordnung zu abschaltbaren Lasten 111
Verprobungsrechnung 31, 93, 96, 128
Verschiebungsfaktor 79, 128
Verteilnetzbetreiber 37, 39, 40, 128
  örtlicher 100

W

Wärmepumpe 26, 64, 69, 129
Weiterverteiler 13, 47, 54, 129
Wirkleistung 78, 129
wirksame Verfahrensregulierung 38, 129

Z

Zonenpreissystem 103
Zusatzeinrichtung 51, 64
Zweitarifzähler 64, 129